白马藏族传统体育文化研究

李彩芹 著

人民体育出版社

图书在版编目（CIP）数据

白马藏族传统体育文化研究 / 李彩芹著. -- 北京：人民体育出版社, 2021
ISBN 978-7-5009-6087-4

Ⅰ.①白… Ⅱ.①李… Ⅲ.①民族形式体育—体育文化—研究—陇南 Ⅳ.①G852.9

中国版本图书馆CIP数据核字(2021)第196887号

*

人民体育出版社出版发行
北京盛通印刷股份有限公司印刷
新 华 书 店 经 销

*

710×1000　16开本　10.5印张　220千字
2021年9月第1版　2021年9月第1次印刷

*

ISBN 978-7-5009-6087-4
定价：75.00元

社址：北京市东城区体育馆路8号（天坛公园东门）
电话：67151482（发行部）　　邮编：100061
传真：67151483　　　　　　　邮购：67118491
网址：www.sportspublish.cn
（购买本社图书，如遇有缺损页可与邮购部联系）

前　言

　　少数民族传统体育文化是中国传统文化的重要组成部分，是中华民族的宝贵财富。但是，随着经济社会的不断发展和时代的变迁，经历了数千年不断积累沉淀的传统体育文化在经济全球化的严峻挑战和市场经济的猛烈冲击下，生存环境遭到不同程度地破坏或者已经严重失衡，甚至一些传统体育文化资源濒临消亡。因此，民族传统体育文化的保护与发展问题日益受到政府及社会各界的广泛关注。实践证明，合理开发和利用，是新时期实现少数民族传统体育文化资源科学可持续发展的重要手段。

　　我国作为一个统一的多民族国家，多元一体是基本的民族构成格局，白马藏族就是多元之一。他们主要分布于川、甘交界的摩天岭山脉两侧，由于其文化古朴原始，独具特色，所以被许多学者称为"东亚最古老的部族"。白马藏族在长期的生产劳动中，创造了丰富多彩、形式多样、极具民族特色的传统体育文化，具有保护传承与开发利用的价值。基于此，本书选择了资源丰富、历史悠久、特色鲜明的白马藏族传统体育文化资源作为研究对象，从白马藏族节庆习俗类、竞技类、嬉戏娱乐类三个不同类别的体育活动对白马藏族体育文化资源的起源特征、价值功能、生存现状等方面进行了全面挖掘整理和分析研究，并以体育学为核心，运用文献资料法、数理统计法、实验法等对白马藏族傩舞、火圈舞的健身价值进行了分析论证。同时在结合民族学、民俗学等学科知识对白马藏族体育文化价值进行深入研究的基础上，积极开发白马藏族体育课程资源，创编了具有鲜明的民族特色的白马藏族健身操，通过将白马藏族健身操引入地方高校体育课程体系的实践研究，构建白马藏族体育文化与地方高校教育融合发展的课程模式。对白马藏族非物质文化遗产的保护、传承与发展，促进民族体育文化与学校教育的融合进行了积极有益的探索。

本书是2021年甘肃省高等学校创新基金项目（项目名称：乡村振兴战略背景下白马藏族体育与旅游融合发展研究，项目编号：2021B-373）；甘肃省教育科学"十四五"规划2021年度课题（课题名称：白马藏族传统体育引入高校体育课程体系的实践研究，课题编号2021-1944）的阶段性成果之一。在撰写和完善的过程中，得到了陇南师专科研处、陇南师专校友（原成县师范毕业生）的大力支持和帮助，并得到诸多专家教授的指导，再此深表谢意。由于笔者研究水平有限，书中难免会出现错误和疏漏之处，敬请各位读者和专家批评指正。

笔 者
2021年8月

目　录

第一章　绪论……………………………………………………（1）

　　第一节　白马藏族的渊源………………………………………（2）
　　　　一、甘川毗邻地区的历史与白马藏族的渊源………………（2）
　　　　二、民间传说与白马藏族的历史渊源………………………（3）
　　　　三、民族语言与白马藏族的历史渊源………………………（6）

　　第二节　白马藏族传统体育文化研究的现状和意义…………（7）
　　　　一、白马藏族传统文化研究的现状…………………………（7）
　　　　二、白马藏族传统体育文化研究的现状……………………（10）
　　　　三、白马藏族传统体育文化研究的意义……………………（12）

第二章　白马藏族传统体育文化概述……………………………（16）

　　第一节　白马藏族传统体育的文化生态………………………（16）
　　　　一、白马藏族的地理分布……………………………………（16）
　　　　二、白马藏族的信仰习俗……………………………………（20）
　　　　三、白马藏族的民间传统民俗活动…………………………（26）

　　第二节　白马藏族传统体育文化的内涵、类型与特征………（28）
　　　　一、白马藏族传统体育文化的内涵…………………………（29）
　　　　二、白马藏族传统体育项目的分类…………………………（31）
　　　　三、白马藏族传统体育文化特征……………………………（34）

　　第三节　白马藏族传统体育文化的功能………………………（35）
　　　　一、凝聚功能…………………………………………………（35）
　　　　二、教育功能…………………………………………………（36）

三、娱乐功能……………………………………………………（37）
　　四、健身功能……………………………………………………（37）

第三章　白马藏族传统体育文化资源现状调查……………（39）

第一节　白马藏族节庆习俗类体育文化资源…………………（40）
　　一、祭祀傩舞……………………………………………………（41）
　　二、火圈舞………………………………………………………（65）

第二节　白马藏族竞技对抗类体育文化资源…………………（71）
　　一、决胜类………………………………………………………（71）
　　二、角力类………………………………………………………（72）

第三节　白马藏族嬉戏娱乐类体育文化资源…………………（79）
　　一、体育游戏……………………………………………………（79）
　　二、生活歌舞……………………………………………………（90）

第四章　民族传统体育文化的价值……………………………（93）

第一节　民族传统体育提升文化自信的价值…………………（93）
　　一、民族传统体育精神是民族文化自信的源泉………………（94）
　　二、坚守民族体育文化是体育文化多元化不可或缺的前提
　　　　………………………………………………………………（95）

第二节　民族传统体育文化的教育价值………………………（96）
　　一、民族传统体育文化融入学校体育的重要性………………（96）
　　二、民族传统体育文化融入学校体育的必要性………………（100）

第三节　白马藏族体育文化的旅游开发价值…………………（101）
　　一、体育旅游与体育旅游资源…………………………………（101）
　　二、体育旅游资源的特征………………………………………（103）
　　三、体育旅游的功能……………………………………………（104）
　　四、民族传统体育旅游的发展契机……………………………（106）
　　五、民族传统体育与旅游业的融合……………………………（110）
　　六、民族传统体育旅游开发的社会效益………………………（111）

第五章　白马藏族健身操创编实践 （113）

第一节　民族健身操概述 （113）
一、民族健身操的定义 （113）
二、民族健身操分类 （115）
三、民族健身操的特点 （116）
四、民族健身操的功能 （119）

第二节　民族健身操创编的原则和方法 （123）
一、民族健身操创编的理论依据与原则 （123）
二、民族健身操创编的方法 （126）

第三节　白马藏族健身操创编实践 （127）
一、白马藏族健身操创编思路 （128）
二、白马藏族健身操动作图解与说明 （130）
三、白马藏族健身操的价值 （150）

参考文献 （153）

第一章 绪论

我国作为一个统一的多民族国家，多元一体是基本的民族构成格局，白马藏族就是多元之一。他们主要分布于川、甘交界的摩天岭山脉两侧，由于其文化古朴原始，独具特色，所以被许多学者称为"东亚最古老的部族"。据最新统计，现在的白马藏族，总人口超过两万，在甘肃省内主要分布于陇南市文县铁楼乡、中寨镇；四川省则主要在绵阳市平武县的白马人乡、木皮藏族乡、黄羊关藏族乡、木座藏族乡，阿坝州的九寨沟县勿角乡、草地，若尔盖县的唐克乡以及松潘县等地。他们生活的主要区域被称之为"藏彝走廊"。

"藏彝走廊"是费孝通先生于1980年前后首次明确提出的一个少数民族区域地理经济概念，具有重大的现实意义。它主要指的也就是由中国四川、云南和西藏附近的一系列山脉和大型河流所组合构成的山地丘陵和高山谷地。该区域内有许多汉族、羌族、壮族、藏族、侗族等民族及其支系。白马藏族是最特殊的族群之一，历史上，白马藏族被称为"番""西番"和"白马番"，并于1951年被认定为藏族。

白马藏族常年游牧生活，主要居住在高寒高原山区的河谷地带，所有的房屋基本上是依托群山修建，主要以山地农耕、畜牧、采集、狩猎等为生。白马藏族的传统服饰颜色十分鲜明，其中以白、黑、花三个系列为主。每个白马妇女的胸前都特别配戴着一块像汉白玉似的红色鱼骨纹石牌作为随身配饰，腰间挂着金光闪烁的古代大铜钱，穿上用各色布料进行渲染而制作成的袍裙，五彩斑驳，艳丽夺目。白马藏族对于大自然高度尊重和崇拜，孕育了白马藏族最为原始古朴的民俗文化。艰苦辛勤的劳作，简朴的日常生活催生了许多独具文化精髓和民族神韵的传统歌舞。这些优秀的传统风俗和传统艺术，犹如一枝深山的奇葩，吸引着海内外的艺术专家、学者的高度关注。

白马藏族保留至今的古朴原始的民族文化和独特的生活习俗，以及文化传统具有不同寻常的意义。

第一节 白马藏族的渊源

最早进行白马族和藏族识别研究的是著名社会学家费孝通先生，他的《关于我国民族的识别问题》可以看作是一个开始。作为一支古老而又独特的少数民族族群，关于他们的历史记载，寥寥无几。也由于白马藏族只有语言而没有文字，以至于其族源一直扑朔迷离。以往许多藏学专家和历史学者都着眼对古代白马地区藏族族源及直系族属等诸多方面历史问题的科学探索和历史考证，尝试在零散的藏族历史文献资料中进行搜集和重新寻找"证据"。

对于这些基本无文字的族群而言，他们的历史，其实是存在于每一个文化个体日常生活过程中的，而且通过神话、传说、歌谣、仪式、舞蹈、面具等形式来表达。要重新建构和准确还原真实的文化演进发展轨迹，必须从今天白马藏族的社会生活和文化习俗进行考察。

一、甘川毗邻地区的历史与白马藏族的渊源

关于其源，自述为古"氐族"后裔。学界则有"氐族说""羌族说""藏族说"和"族属待定说"四种观点。以持"氐族说"者为最多，认为白马藏族是周秦至隋唐活动于陇南、川北一带"白马氐"的唯一孑遗[1]。氐族是中国本土产生的民族，西北高原是古代氐羌民族的发祥地，白马藏族的来源应和古代氐羌群有密切的关系。目前学术界较多的观点认为白马藏族可能属于氐族后裔[2]。

《诗经·商颂》曰："昔有成汤，自彼氐羌，莫敢不来享，莫敢不来王。"战国到秦汉两朝年间，氐族集中分布的地域是在甘肃省的东南部及其邻近的陕西西南部和四川西北部。在众多部落中，白马是最大的部落。司马迁《史记·西南夷列传》："白马最大，皆氐类也。"汉代，武都县设立在甘、陕、川交界处，氐族密集居住。在三国时期，因为蜀汉和曹魏为扩张自己争夺氐，氐族被归为曹时，近五万人迁至扶风、天水，遭到了氐族的抵

---

[1] 余永红.陇南白马藏族美术文化研究[M].北京：中国社会科学出版社，2012：01.

[2] 孙宏开.历史上的氐族与川甘地区的白马藏族——白马藏族族属初探[J].民族研究，1980（3）：1-9.

制。后来因为氐人内部分裂，有的归属了曹魏，有的归属了蜀汉，有的则躲进了深山老林。

在秦、汉、魏晋、南北朝时期，氐族发展成庞大的势力，代表当时中国一个较强大的民族，曾处于历史舞台的正面，见证过许多影响久远的事件发生。氐族曾建立了仇池、武都、武兴、阴平、前秦、后凉等六个地方政权（国家）。氐族建立的仇池国在实力大的时候，不仅在四川北部，还发展到汉中。如受到汉、晋等中央王朝和后来的北魏、宋、南齐等国进攻甚至夹攻，他们就退守仇池山。[1]仇池山地势险要、三面环水，一夫当关万夫莫开。氐族杨氏政权是以仇池山为中心建立的，后世称其为仇池国，在后期也被称为武都国。后来武都国又分裂成了两个国家，一个是武兴国，一个是阴平国。阴平国在甘肃省陇南文县、四川省广元一带。至南北朝时期，北魏成功地出兵攻破了武都国（公元477年），国主杨文度的族叔杨广香亲自率兵杀死了杨文度。魏封杨广香为阴平公、葭芦镇主，后又多次获得南朝萧齐的大力支持和朝廷承认。于是杨广香在阴平（今甘肃省陇南文县）建立起了与武兴国（今陕西略阳）并立的阴平国。公元580年，（杨永安时）阴平国被北周所灭，共传七代七主，历经103年。

阴平故城在文县西，汉为北部都尉治所，更始三年，封陈牧为阴平王，国于此。三国为阴平郡，晋永嘉后氐羌据之，不为正朔所颁，故江左诸志不载。西魏平蜀始置文州于庐北郡，又置阴平郡，治曲水，即今县西五里之西园（见《长志卷二·营建志·城池》）。阴平国是一个地地道道的氐人政权。由于历史和社会的多种因素，陇南各地的氐族均已与汉族融合，唯有今文县白马峪河谷铁楼乡的白马藏族人仍保留着自己的民族习俗。他们是中华民族大家族中氐人的直接后裔。[2]

二、民间传说与白马藏族的历史渊源

白马藏族的民间传说，也可从另一侧面反映白马藏族的历史渊源。和其他民族有自己的神话一样，白马神话是远古白马人对自然及文化现象的理解与想象的种种故事，是白马人族群演化初期所发生的单一事件或故事的

---

[1] 赵逵夫.在"首届中国白马人民俗文化研讨会"上的报告.首届中国白马人民俗文化研讨会论文集[C].2012：10-18.
[2] 陈启生.陇南地方史概论[M].兰州：兰州大学出版社，1992.5.

群体记忆。[1]

（一）白马藏族诸葛亮一箭之地的传说

诸葛亮一箭之地的传说是现有陇南白马人口头故事文本中，为数不多的和真实历史人物有关的传说。这则传说明显带有白马人族群集体历史文化记忆的特征。[2]

历史上，白马藏族所居住的地理区域十分广阔，以位于四川江油市的中坝地区为主要边界。相传，在中坝地区，居住着白马藏族和川蜀人两个部族，各自占据着北部和南部，彼此相安无事，并且约定互不侵犯，过着和平安稳的生活。但是，到了三国时期，蜀国为了扩大地盘，开始向南扩张疆域，蜀国丞相诸葛亮，多次率军南征，几代人保持的"互不侵犯"的局面被彻底打破了。诸葛亮一路向南推进，攻取了四川江油之后，原来居住在那里的白马藏族人被迫向南撤离，逐步退守黑石梁。诸葛亮为了达到既能够在此开疆拓土，又不损耗自己的一兵一卒的目的，于是与当地白马藏族的酋长们进行了和平谈判。诸葛亮提出的和谈建议是让白马藏族人退让一箭之地：即由他来射箭，并在箭杆上刻写上他自己的名字以作为标识，这支箭射到哪里，就让白马藏族人退到哪里去生活居住，即所谓的让出一箭之地。如果白马藏族人答应了这个条件，那么就此和平相处，永不再征战。由于连年的征战，已经让白马藏族精疲力竭，为了休养生息，他们便同意这个和谈条件，以达成一箭之地之约。可实际上，和谈就是一个幌子，单纯的白马藏族人认为一支箭最多能射出几百步，退一点问题不大，可以以箭落之地为界。他们完全没有预料到，足智多谋的诸葛亮只是趁着这次和平谈判来拖延时间，好做战争布局，他其实已经提前命令自己的士兵，将箭直接插在了距离中坝千里之遥的的四川松潘县，箭身上也已经刻上了他的名字。一箭之地，竟有千里之远，白马藏族人这时已经明白过来，他们非常气愤，断然拒绝。于是双方大战再次爆发，有战神之称的诸葛亮特别善于用兵，战斗进行的非常惨烈，连续交战几天几夜，白马藏族损伤惨重，伤亡人数巨大，只好撤出战场，向南逃走。这时诸葛亮一路追击，把白马藏族人逼到了今天的四川平武县境内才停下来。今天平武县的木座乡，有一个叫杀氏坎的地方，相传就是当年诸葛亮和氐人大战过的地方。

---

[1] 邱雷生，蒲向民.陇南白马人民俗文化研究故事卷[M].兰州：甘肃人民出版社，2011：9.

[2] 邱雷生，蒲向民.陇南白马人民俗文化研究故事卷[M].兰州：甘肃人民出版社，2011：9.

（二）白马藏族班家四兄弟打虎的传说

白马藏族的民间信仰中，祖先崇拜是很重要的一个部分，在甘肃陇南文县铁楼藏族乡的16个行政村中，麦贡山、日资山、中岭山、入贡山这四个村子关系特别亲密，四个村子在同一个神庙供奉着同一个祖先，逢年过节，村子里所有人都要前去祭拜。这一现象，正好印证了白马藏族民间传说《班家四兄弟打虎的传说》中的叙述，四个村子的祖先是四兄弟。四个村子在地缘上比邻而居，由东向西。同时，这四个村子有着共同的宗教仪式、所有人一起遵从的风俗习惯，他们共享着集体的记忆。这正是民间传说的印记之一。

相传很久以前，为躲避连年战乱，有一家姓班的兄弟四人，从四川广元一带迁徙到了今天的陇南文县白马峪河的班家村，这里是白马河边的一个坝子，水源充足，适宜农业生产。就在这时，有汉族人也看中了这里，于是双方都想争夺这块土地，汉族人就提出用打赌的方法解决地盘的争端，赌局是看谁先打到老虎，先打到老虎的一方，就有权利继续在河边的坝子生活。这一年的正月十三，班家四兄弟一起上山去打老虎。他们四个人分工协作，历经艰险，终于找到了老虎的藏身之地，是在麦贡山。但是老虎很警觉，迅速从麦贡山逃到了日资山，四兄弟追过去的时候，老虎又逃到了中岭山。经过四天四夜的围捕，他们终于把老虎撵到了入贡山，四兄弟联手，老虎无路可逃，最后被打死了，这一天正好是正月十六。四兄弟还没来得及庆祝胜利，没想到这个时候对方就赶了过来，把打死的老虎抢走，剥下了虎皮，然后拿着虎皮说，是他们打死了老虎。班家四兄弟本来想争论，但是对方人多势众，也争不过，而对方又耍赖说让他们拿出打死老虎的证据，班家四兄弟就决定不再争了，在打虎的几天里，他们发现山上也很美，凭借勤劳，也可以生活下去，他们要把住所搬到山上去。于是四兄弟就按照他们打虎时走过的顺序，让老大住在麦贡山，老二、老三、老四分别住在日资山、中岭山和入贡山。每年正月十三到正月十六的时候，白马藏族跳起池哥昼，用歌舞来纪念自己祖先打虎的壮举，追忆祖上艰辛的创业和迁徙的历史。

班家四兄弟打虎的传说，在当地流传甚广，人人都能讲述出来，也成为他们茶余饭后津津乐道的民族故事。相对于这些文字记录下来的历史，以及口耳相传的故事叙述，姓氏也是一种可以追溯的、呈现出连续特点、可以反映出真实历史信息、最古老的记忆性符号之一。"弟兄祖先故事"反映的是一群人共同起源的根基性历史，他和其他"历史传说"等一起构成了特定族群对于"过去"的集体记忆，以共同的血缘传承联系凝聚一个族群或民族。瓦尔特·本雅明（Walter Benjamin）认为：故事的讲述，是一门复述的艺术，故事里所包含的丰富人生经验，通过不断的讲述而传递。故事里面包含的经验，有的是他的亲身经验，有的是转述别人的经验。通过他的讲述，这些经验将会变成听众的经验。这些故事看起来是白马藏族人茶余饭后的围炉夜话，但实际上，在某些公开的、正式、重要的场合，讲故事是把自己的文化传统进行传承，并且这种传承伴随类似戏剧化的情感表达。故事依托着集体记忆，把人们零星细碎的生活经验进行新的组织，重新织成一张记忆之网，用它来叙述一个族群的起源、发展和奋斗的历史，也能折射他们的祖先迁徙游弋寻找新的生存空间的真实历史。比如白马藏族的跳曹盖仪式，就是伴随着神话而来的，这些神话与宗教仪式相生相伴，从某种意义上来说，神话负责解释宗教仪式的功能和意义，同时也烙下了本民族的历史印记。

总而言之，白马藏族的民间口头故事传说，是他们自己关于本族群历史最早的群体记忆，这种记忆有特定的文化形式表征，也是他们对本族群社会结构的自我阐释。通过口耳相传的叙事方式，将本族群的思想观念、宗教信仰和具有鲜明地方特点的生产生活知识，融入到本族人群每个个体的记忆中。

三、民族语言与白马藏族的历史渊源

语言是民族的重要特征，民族的其他特征一般要通过语言才能得到体现。有人认为共同的文化和共同的心理是一个民族必不可少的特征，而这些特征离开了共同语言中的特定词意就无从体现。[1]

从语言方面来看，白马藏族没有文字，却有自己的语言，不同地域之间语言有些许的差异，但基本上不影响彼此的交流。从语言学角度看，白马藏语属汉藏语系藏缅语族藏语支，也有学者认为白马语是藏语的方言，但这一观点还有争议，没有达成一致的意见。实际上，白马语言和藏语之间的差别是非常显著的，这种显著性已远远超过了藏语各种方言之间的差别。许多语言学家经过严格的考证，得出了"白马语"是一个独立语言的结论，它是从古羌语母体中分化出来的一个相近支系。在白马语言的研究方面，最主要的就是由中国社会科学院荣誉学部委员、民族语言学专家孙宏开主编的《白马大词典》。这部词典是甘肃省陇南市有关部门、地方高校陇南师范高等专科学校的专家学者，通

---

[1] 林耀华.民族学通论[M].北京：中央民族大学出版社，1997.

过走访甘川两省白马人聚居区搜集整理，用国际音标记录，抢救性挖掘白马藏族语言文字，共搜集整理出18000余条白马语词汇，将来只要能懂拼音的人就能读出白马语。

要识别一个民族，一个非常重要的因素就是语言识别。我国著名的语言学家孙宏开先生在20世纪80年代国家民委关于白马人民族识别工作中专门负责白马藏族语言方面的调查研究。孙宏开先生及专家学者们通过全面讨论白马人的语言、文化、历史、民俗等特点，最终的研究结论是：白马人与历史上的氐族关系最密切。

第二节 白马藏族传统体育文化研究的现状和意义

一、白马藏族传统文化研究的现状

国内关于白马藏族传统体育的研究是随着白马藏族传统文化的研究开始的，起步相对较晚。通过梳理，国内关于白马藏族文化的研究可以归纳为以下几个阶段。

（一）20世纪70年代末主要是白马藏族族属研究

国内对白马藏族的研究始于20世纪70年代末白马人族属问题提出之后。

20世纪80年代四川省民族研究所就此结集编纂出两本讨论关于白马族人的族属性问题的文集。其中四川省民委民族认知识别调查小组《"白马藏人"调查资料辑录》在考察中对白马人的传统经济、政治、民俗方面都有着比较详细的考察和记录。当时，学术界已经出现了关于白马人的族源问题的激烈争论，语言学家孙宏开先生于1980年在北京发表《历史上的渭族和川甘地区的白马人——白马人族属初探》一文，从白马人语言的角度充分证明了白马人本身不是藏族。他提出了一个推测：白马人本身就是我国历史上氐族的后裔。当时的其他代表作品还包括：杨士宏的《"白马"藏族族源辨析》，卓逊道尔吉的《"白马藏族"族源考辨——与谭昌吉同志商榷》，黎彦才等写的《用计算机探寻四川"白马藏族"族属》等。这些研究的立足点仍是白马人与其他藏族的异同，主要是围绕白马人的历史、白马人与氐人的关系、白马人的族属等问题展开。

（二）白马藏族民俗风情、历史文化等方面的研究

20世纪90年代白马风情旅游开发以来，各地有许多关于白马藏族民俗风情介绍的文章。比如杨鸣键写的《"楚些"今踪——谈白马藏族民歌中出现的"些"》、于一的《白马藏族"十二相"考略》、黄河写的《白马藏族风趣的采花节》、格桑卓玛的《白马藏族的面具舞习俗》，何晓兵的《四川白马藏族民歌的描述与解释（连载）》《四川白马藏族民歌的文化研究》，杨冬燕的《（白马）藏族信仰习俗现状调查研究》等。

在对地方志研究和社会调查的基础上，四川省平武县的曾维义和肖天元等学者收集了大量有关白马藏族的历史、文化现状的数据。曾维毅的著作，如《白马藏族研究文集》和《龙安土司》等，对白马藏族的历史和文化进行了深入的研究。还有甘肃省文县的学者刘启舒先生写的《文县白马人》一书，这是第一次对文县白马人进行了深入的研究。

学者们对白马藏族旅游和白马藏族教育等方面也进行了研究，比如说王越平的《排斥与融合——四川白马藏族入赘婚的研究》《敬神与狂欢——白马藏族三个村落"跳曹盖"仪式的比较研究》，何才、牛青的《民族旅游与民族文化重构——以平武县白马藏族为例》，唐光孝、罗光林的《北川羌族与平武白马藏族当前文化现象之比较》，施绦茹、廖和俊的《白马藏族儿童早期言语发展的考察研究》，胡玉智的《白马藏族地区双语教学的对策分析》等。

（三）陇南白马藏族传统文化研究的现状

1. 基础理论研究

在国家非物质文化遗产保护和传承的大背景下，2008年前后白马民俗文化的研究得到地方政府大力支持，国家和省内外著名的学者，还有一大批地方高校的学者都致力于白马藏族文化的研究。他们对白马民俗文化的研究取得了突破性的进展，主要从语言、民间故事、民间文学、音乐与舞蹈几个方面进行了系统而全面的挖掘整理与研究，白马民俗文化得到了抢救性的保护，系列论文、研究专著和白马民俗丛书相继出版发行，后续的相关研究也在不断的深入。特别是陇南市委、市政府高度重视白马民俗文化的研究，主要领导作了重

要批示。挖掘、抢救、保护白马藏族传统文化的工作由此拉开了序幕。

2008年陇南市成立了白马人民俗文化研究会，当地一大批学者特别是陇南师范高等专科学校多名专家教授都加入了研究会，陆续有多篇关于白马人民俗文化保护的文章和学术刊物公开发表。作为第一批研究成果，《陇南白马人民俗文化研究·调查资料卷》和《陇南白马人民俗文化研究·论文卷》由甘肃人民出版社于2008年正式出版发行。

2011年"陇南白马人民俗文化研究丛书"《语言卷》《故事卷》《歌曲卷》《舞蹈卷》《服饰卷》相继与读者见面，《白马藏族美术文化研究》等专著也出版发行。

2. 培养白马藏族音乐舞蹈专业人才

作为地方高校的陇南师范高等专科学校立足于服务当地经济文化，于2014年申报音乐舞蹈专业，专门招收白马藏族学生，开办白马藏族音乐舞蹈班，学校专设白马藏族音乐舞蹈师资团队，外聘白马藏族文化研究专家学者、白马藏族民间艺人担任教师，组织编写白马藏族音乐舞蹈系列教材，培养了一批白马藏族音乐舞蹈专业人才。现在，他们大部分都在从事白马藏族艺术创作工作。通过选拔培养白马藏族舞蹈表演艺术专业人才，有力促进了白马藏族传统民俗文化的保护与传承发展。

3. 白马藏族民俗文化走出国门

2019年3月4日，以国家级非物质文化遗产甘肃陇南市白马人民俗文化《池歌昼》为基础编排的大型歌舞，走出国门，赴新西兰演出，让民众体验白马藏族民俗。

这次艺术展演活动由甘肃人民对外友好协会、陇南市委宣传部和陇南市外事办公室共同组织的陇南白马人民俗文化艺术团进行表演。这次跨国的大型文化交流活动，不仅吸引了5万余名新西兰民众和游客，还受到了克赖斯特彻奇市政府、新西兰中国友协、中国驻克市总领馆赞扬。演出现场，"池哥"头戴青面獠牙、插有锦鸡翎的木雕彩绘山神面具，反穿羊皮袄，背负一串铜铃，脚上穿着牛皮靴，左手持宝剑，右手握着用牛尾制成的拂尘，舞步粗犷豪放，表演所展现出的原始、古朴和神秘，深受当地民众和游客的喜爱。

演员班哲（陇南师专2014级白马藏族音乐舞蹈班学生）对此次交流印象很深。他回忆，3天连续演出5场，新西兰民众在他们表演完后掌声热烈，不少还戴上白马藏族的帽子体验，并合照留念。作为白马人，能代表国家外出表演，我们很自豪，希望以后能去更多的国家推介中国传统民俗文化。

4. 白马藏族传统体育课程资源的开发与利用

（1）白马藏族健身操创编实践

依照民族健身操的健身性与文化艺术性有机结合、传统与现代有机结合、民族的针对性、创新性等基本原则，遵守体育运动的规律，体现白马藏族少数民族的文化特色为主要依据，由甘肃省陇南师范高等专科学校体育与健康学院专家教授以及老师、学生共同创编了白马藏族健身操。

创编者以白马藏族民间舞蹈为编排整体风格，以徒手动作为主，充分传承白马藏族民族传统体育文化，并将民族文化特性与地域特点融入整套动作编排当中。创编者通过新颖的设计与创新的编排方法，整套动作主要以白马藏族火圈舞、傩舞的舞蹈动作元素改编，然后结合健身操的基本步法，创编出符合大学生健身的操化动作。

以白马藏族傩舞、火圈舞中具有鲜明特色的舞蹈元素结合健美操基本动作创编的白马藏族健身操，运动量达到中等有氧运动强度，具有一定健身作用和鲜明的民族特色。

创编的白马藏族健身操引入了高校体育课程中，进行教学实验研究。研究结果表明，白马藏族健身操的创编与教学受到了师生的普遍好评，学生对课程学习的兴趣浓厚，综合知识得以加强，视野变得开阔，大家对自己生活着的陇南民俗文化有了更深层次的认识和理解。

（2）白马藏族传统体育文化融入高校体育教育的实践

陇南师专由体育与健康学院组建教学团队将白马藏族传统体育文化资源进行合理开发并引入大学体育教学中，不但丰富和充实了体育教学内容资源，也起到了保护和传承白马体育文化的作用。白马体育文化资源内容丰富，娱乐性比较强，将白马体育文化引入到普通高等院校的体育课堂中，有利于鼓励广大学生积极参与体育练习，有利于激发和培养广大学生的团结、合作、勇敢精神，有利于传承和弘扬中华优秀传统文化，增强民族的自豪感。

二、白马藏族传统体育文化研究的现状

在国家政策的引导下，在白马藏族传统文化研究取得丰硕成果这样一个大环境下，白马藏族传统体育文化的研究也随之起步，研究的内容主要涉及以下

几个方面。

（一）白马藏族传统体育文化研究的内容

1. 白马藏族传统体育项目的整理与分类

白马藏族的传统体育运动是本民族经过长期的生产生活实践活动积累逐渐演变、发展并形成的。白马藏族主要居住在深山区的高山上，地势陡峭，生产技术水平低、交通极不便、文化气氛狭窄，受到经济自给、环境封闭等因素影响，孕育而形成的民族传统体育文化，必然具有很强的地域性特点；白马藏族的传统体育运动项目和古老的风俗习惯相互融合，彼此渗透，又形成了民俗性特色。传统的体育运动项目在各种民俗、音乐、游戏等活动中开展，其中以表演、娱乐等项目居多。这些体育活动大都是在农闲的时候开展，来欢庆丰收、迎接佳节、祝贺新婚等。将运动寓于休闲娱乐之中，既达到了强身健体的目的，同时又营造出欢快的氛围达到了娱乐的目的。

白马藏族传统体育运动是在一个特定的地域中，通过长期的生产生活实践，经历了世代传承，在族群发展的历史中逐步形成的，它体现出了白马藏族独特的文化特征，折射着族群原始崇拜的特性，也反映了他们集体意识的追求。一般来说，文化始终是生产方式的高级反映，白马藏族传统体育运动反映出严酷环境下锤炼的乐观而诚实为善的民族性格。依据白马藏族体育的形式特点将白马藏族传统体育项目归纳为宗教祭祀乐舞、竞技对抗、游艺娱乐等三类。

宗教祭祀乐舞类：火圈舞、晃盖舞、猫猫舞、圆圆舞、逗羊舞、十二相舞、大刀舞等。

竞技对抗类：拔河、顶杠子、赛马、射箭、扭要子、比武、打靶、举重等。

游艺娱乐类：摔跤子、打秋千、滚铁环、打毽子、"臭楼沙"、打毛蛋等。

2. 白马藏族传统体育传承与发展的路径

白马藏族传统体育在新的历史时期，在一个快节奏的现代社会，如何传承和推广是迫切需要解决的问题。尽管一些体育活动以生产、生活、宗教祭祀和休闲娱乐活动为基础融入民间活动，这有利于白马藏族体育文化的保护、传承和发展，但目前还没有系统的传承范式可以使白马藏族体育文化进行传承和推广。白马藏族传统体育的传承推广依然处在困境中。然后，研究人员提出了白马藏族民间体育的继承和发展途径，即在学校教育的平台上继承少数民族体育文化，在"全民健身计划"的基础上保护非物质文化遗产，在少数民族体育运动会的基础上发展少数民族传统体育。

（三）白马藏族传统体育文化研究存在的问题和不足

全面分析白马藏族传统体育文化研究的基本状况和研究所取得的成果，可以发现，虽然我们对白马藏族传统体育文化的研究主要是从基础理论、实践研究、应用探讨以及发展对策等方面进行研究，但也存在以下的问题与不足。

1. 概念尚不清晰

白马藏族传统体育的概念至今仍没有形成一个相对统一的观点，白马藏族传统体育的概念始终还是与民俗、传统文化、民族优秀传统文化等相类似而又模糊的术语概念混淆在一起。

2. 研究不深入、不系统

白马藏族体育项目的挖掘整理还不全面和准确，也没有进行合理的分类，研究的点比较多，但缺乏系统性、深刻性。比如白马藏族体育发展对策研究中，学者们虽然提出了一系列的发展对策，但是这些研究大部分都属于"政府扶持、资金投入、加强研究、扩大宣传"等宏观发展规划，缺乏具体规划和战略，所以提出的对策很容易就缺少可操作性和针对性，更缺乏白马藏族体育传承与发展的实践研究。

总之，白马藏族文化研究在国家战略的大背景下，地方政府大力支持，一大批专家学者积极投入，白马藏族文化得到了抢救性的保护，白马藏族文化的研究取得了显著的成果，后续的相关研究也在不断地深入。白马藏族传统体育文化的研究也随之受到了学者的重视，并相继取得了一定的研究成果，但还需要更加深入、系统的研究。

三、白马藏族传统体育文化研究的意义

文化是一个民族的血脉，是人民的精神家园。中华民族经历了五千多年义

明发展的历程，源远流长、博大精深的中华文化是中华民族发展壮大的不竭动力，为人类的文明进步作出了重大贡献。习近平总书记在党的十九大报告中明确指出，文化是一个国家、一个民族的灵魂。文化兴则国运兴，文化强则民族强。中共中央办公厅、国务院办公厅2017年印发《关于实施中华优秀传统文化传承发展工程的意见》，明确提出实施中华优秀传统文化传承发展工程是一项重要举措，是建设社会主义文化大国的重大战略目标和任务，对于增强民族文化稳定，提高民族文化素质具有重要意义，对于促进民族治理制度和治理能力的现代化具有重要意义。

在繁荣和发展社会主义文化的大背景下，国家更加重视中华优秀传统文化的传承与发展。民族体育文化的传承与发展，是我国进入社会主义新时代坚定文化自信的一项重要内容。中国民族传统体育是中华民族在数千年拼搏、成长中积累、形成的宝贵精神财富，它负载着我国的哲学精神、生命理念、价值标准、审美特点以及情感方式等，无异于一张张色彩鲜明的"文化名片"，生动形象地展现出本民族的历史底蕴、文化气质和精神风貌。[1]习近平总书记在多种场合多次表达对民族传统文化的尊崇，作为民族传统文化重要组成部分的民族传统体育文化理应受到重视。

尽管如此，民族传统体育文化的传承与发展依然面临着困境。起源于民众生产劳动实践、宗教祭祀、节日习俗、军事活动的民族传统体育具有鲜明的传统文化色彩，它是和当时的社会发展状态相适应的，但随着社会历史的发展进步，传统体育赖以生存的基础因素发生了变化，不可避免地受到冲击，传统的传承模式受到重大挑战。如何对他们进行扬弃，是必须正视的问题。这种困境的出现，有多方面的原因，首先，改革开放以后，由于西方快消文化的传入使国人的文化信仰发生了一定程度的变化，比如年轻一代开始热衷西方节日，传统节日氛围逐渐变淡，节日习俗被弱化甚至被遗忘摒弃。好多民族传统体育活动，就是在婚丧嫁娶、节日习俗中开展的，他们是共生的形式，由于传统节庆习俗的弱化，使它们失去了舞台，因此传承面临着巨大挑战。其次，随着科学素养的提高和教育程度的普遍提升，人们主观世界变得更加理性，客观上慢慢淡化了民众的宗教意识，宗教信仰活动在社会生活中的重要性下降，导致起源于宗教祭祀或鬼神崇拜的民族传统体育项目面临着传承的困境。另一个重要方面，由于我国经济现代化所带来的工业化、城镇化，使人口流动性加大，尤其

---

[1] 王庆军，方晓红.跨文化对话：中国传统体育国际化的障碍与超越[J].体育科学，2010，30（6）：14-19，37.

是广大农村地区的少数民族人口向城市大规模流动，他们长期与故土疏离，导致了传统的家族或者是村落衰败，民族文化和传统的体育教学传承赖以依靠的宗族组织结构解体，宗族权威人物离世，年轻人也就无法对自己的民族传统文化产生认同，导致我们中华民族优秀传统文化传承的土地被侵蚀，造成严重的文化传播断裂。

白马藏族传统体育文化是本民族人民在与自然抗争、求生存的过程中逐步形成和发展的。他们独特的习俗和宗教信仰造就了内容丰富、形式多样的、具有浓郁民族和地方特色的白马藏族体育文化，也突显出中华民族勤劳善良、勇敢顽强、团结一心的优良品质。这些正是我们在新时代所需要弘扬的精神文化，因此，加强对其文化的研究，探索有益的传承方法和路径是十分重要的。对白马藏族传统体育文化进行系统深入的研究，梳理它的起源和历史发展，对其文化蕴含等进行深层次研究，探寻其核心价值所在，然后针对性地进行改造，在适应现代社会的前提下传承，这是掌握文化话语权的有效途径。

（一）推动民族文化的挖掘、保护

在白马藏族创造的多民族文化遗产中，包含了众多绚烂多姿、异彩纷呈的民族体育文化资源。保护和传承少数民族丰富的体育文化资源，挖掘独特的民族文化内涵，对于促进社会的经济发展、民族和谐、民族体育文化的发展与繁荣具有重要的现实意义。

白马藏族体育运动是白马藏族在大自然中求生存的过程中逐渐形成和发展的。他们独特的习俗和宗教信仰形成了白马藏族体育文化的独特特征。白马藏族体育内容丰富，形式多样，具有浓郁的民族和地方特色。它承载了浓厚的民族体育文化。

在社会主义文化繁荣发展的大背景下，国家更加重视少数民族文化，同时也就为整理、发掘、保护和研究白马藏族体育文化提供了契机。

（二）探索白马藏族传统体育文化的传承范式

民族体育文化的传承与发展，是我国进入社会主义新时代坚持文化自信的一项重要内容。

白马藏族传统体育文化资源具有独特的表现形式和丰富的文化内涵，民族特色和地域特色鲜明。然而，白马藏族传统体育在现代社会生活的背景下，如何传承与推广是目前迫切需要解决的问题。尽管一些项目以生产、生活、宗教祭祀和休闲娱乐活动为载体开展，一定程度上有助于白马藏族体育的保护、传承和发展。但是，还没有形成社会效益、经济效益、文化价值之间相协调的典型范式，这使白马藏族体育文化的传承和发展一直处于困境。

通过对白马藏族传统体育文化内涵进行研究，可以有效地推动白马藏族非物质遗产体育文化的传播、传承与融合发展，促进白马藏族体育和普通高等院校体育融合发展，探索实施白马藏族传统体育文化的传承和发展的有效途径和方法。

第二章 白马藏族传统体育文化概述

文化具有时代性与民族性特征。民族文化系统因其本民族固有的地理环境、历史背景、经济土壤、社会结构以及共同的忧患经验、荣辱记忆、人文精神，从而形成不同于其他文化系统的民族性特质，并以强大的精神凝聚力内化、积淀、渗透于每一代社会民族成员的心理深处。[1]

白马藏族主要分布在四川省平武、九寨沟、松潘等县以及甘肃陇南文县与甘南阿坝藏族居民生活区毗邻的地区，活动区域约7000余平方公里，人口较少，大约两万余人。白马藏族所生存的自然地域环境非常独特，对其民族传统文化的培育形成和传播发展过程有着重要的影响。因此，我们通过分析白马藏族生存的生态环境，对深入研究其传统体育文化的起源、保护与传承有极其重要的理论和现实意义。

第一节 白马藏族传统体育的文化生态

白马藏族传统体育文化的形成与发展深受所依从地域的自然地理环境的影响，它具有明显的地域性，是白马藏族人民在其生存的自然地理环境影响下生产生活方式的具体反映，凝聚着白马藏族人民适应自然、发展自身的集体智慧。

一、白马藏族的地理分布

（一）甘肃陇南文县白马藏族的自然生态

甘肃陇南文县白马藏族，主要分布在文县唯一的一个少数民族自治乡铁

---

[1] 王宁.中国文化概论[M].长沙：湖南师范大学2000：11.

楼，另外在周边的堡子坝乡、石鸡坝乡、中寨乡、梨坪乡、丹堡乡、刘家坪乡以及城关镇等八个乡镇也有散居的白马藏族。总体来看，在文县大部分乡镇都有零星居住。因此，文县的自然环境实际上也就反映了白马藏族人生活的自然生态环境。

文县地处甘肃最南，陕甘川三省交汇地区，是历史上著名的交通要道，毗邻四川省的青川县、平武县和九寨沟县。东北与陇南市武都区相接，全境地形呈方形，县域面积0.49万平方公里，在全省范围内来看，属于总面积较大的县。

岷山山脉自西向东插入文县境内，由于深度的地质切割，使文县地势西北高，东南低，地质地貌结构比较复杂，地表地势起伏较大。县域内平均海拔1500米左右，陇南市内的最低点和最高点都在文县境内，可以从一个侧面看出文县山大沟深。这种地型特点，也使文县的气候呈现出纬度地带性和垂直地带性相结合的特点。气候属于典型的亚热带北温带立体垂直气候，区内河流有包含了白水江、白龙江在内的两江八河，溪流蜿蜒纵横交错，一年中的夏季极端最高温度可达37℃以上，年平均气温为15℃，年平均累计降水量达650毫米，无霜期达到290天，总的气候特征是比较温暖，降水也算丰沛。

文县多山地，气候的局部垂直性变化现象多，山地比较寒冷，动植物的野生生态资源也相对丰富。在狭长的河谷地带，会有适宜农业的产粮区分布，粮食作物主要种植玉米、小麦等优质农产品，其次主要种植洋芋、水稻。在主要农业和经济作物中，中药材、茶叶所占的种植比例相对较大，其中食用药材纹党产销量都比较大，素有"中国纹党之乡"之称的美誉。茶叶产业逐年扩大，畅销全省各地乃至省外，现今已经成为当地的支柱产业。整个甘肃省，文县植被最为丰富，是甘肃森林覆盖率最高的县，超过46%。境内有"白水江世界人与生物圈保护区"，保护区栖息着大熊猫、金丝猴等20多种一、二类珍稀动物，也有着银杏、香樟、珙桐和红豆杉等几十种珍稀树种，动植物物种丰富，占到了甘肃省物种的70%。木材蓄积量约1800万立方米，林间还产野生蕨菜、狼肚菌、核桃、木耳、蜂蜜等，被誉为"甘肃的西双版纳"。

文县地理气候和自然资源优越、水资源丰富、生物资源多样化、矿产资源丰富和聚集、特色乡村农业及林产品种类繁多，这些都是文县大力发展经济的必要条件。文县目前已勘探出来的主要地质矿产包括黄金、铁、煤炭和石灰岩等，其中位于高楼山上的黄金矿存量号称亚洲第一。

距离文县县城25公里的铁楼乡是白马藏族主要聚居地，也是一个独特的民俗风情乡。铁楼乡的村落和居民，大都生活在白马河两岸的冲积河谷地带，大面积耕地很少。铁楼乡向南翻过大山就能到达四川省平武县，往西北方向走不远，即到著名的风景名胜区四川九寨沟，域内面积324平方公里，占文县总面积的6.49%，是文县面积最大的乡镇之一。

文县铁楼乡的白马藏族村寨有13个，分别是麦贡山、入贡山、夹石山、腰坪山、立志山、中岭山、强曲、案板地、草河坝、竹林坡、枕头坝、阳尕山、迭部寨。白马藏族村寨沿着白马河流域的白马沟往两边山上延伸，都在半山腰以上的地方，房屋都是依山而建，居住格局主要是与汉族大杂居和小聚居。远远望去，白马山寨云雾缭绕，房屋都集中修建在半山腰上（图2-1）。白马村落的这种分布特点，发映出在生存空间的争夺中，他们处于弱势地位，半山的生活是比较清贫和艰苦的，生活并不方便，土地也比较贫瘠，肩挑手扛构成他们的日常。村落和它附近的高山、峡谷、河流构成了很美的自然景观，这是白马村落整体依托的重要历史性和文化背景。

图2-1　远眺白马山寨

铁楼乡有一些草场可以发展畜牧业，而且还生长着鲜美可口、种类较多的山野菜。这些东西在今天的视角，是纯天然的绿色食品，但在历史上，实际是白马藏族清贫生活的代表。这种地形与气候特点，比较适宜的农作物是玉米、小麦、洋芋、荞麦等，白马河下游部分地区也出产水稻，经济作物主要有闻名中外的纹党，还有花椒、核桃等。但限于自然条件，出产的总量有限，并不能在多大程度上改变当地的经济发展水平。铁楼乡有森林面积10万亩，栖息着大熊猫、金丝猴、苏门羚、羚牛、蓝马鸡等珍稀动物，生长着银杏、杜鹃、极木等珍稀植物，因此国家在这里设立了白马河保护站。另外还有坐落在苍山林海中的大熊猫驯养场，位于海拔2000米的邱家坝，公路可直达，距县城40多公里，云雾缭绕，景色迷人，被人称为小九寨。驯养场饲养着大熊猫，此外还有金丝猴、羚牛、黑熊等保护动物。这里的生态比较原始，没有受到现代工业发展的影响，但也说明这里的封闭和落后。由于山高谷深，重峦叠嶂，境内仅有一条与县城相连的县乡公路。因此，交通相对封闭，出行不便，就构成了民俗、民族文化生长与传承的特定地理区域。独特的文县白马藏族傩舞"池哥昼"，就孕育、滋生和世代流传在这片土地上，成为闪烁在岷山深处的一颗璀璨的明珠。迁徙到石鸡坝、天池和四川平武的白马藏族，每年春节期间一直保留着举行傩舞祭祀的传统习俗，祈求平安、风调雨顺。

（二）四川平武白马藏族的自然生态

平武县位于四川盆地边缘地带，属四川省绵阳市。青藏高原在这一地区逐渐向四川盆地过渡。境内有长江的支流涪江通过。它的东边是生态环境优美、多山区的青川县，向南就是川北地区著名的羌族聚居区北川县，往西南方向，就进入了草原湿地松潘，东南接江油市，西北靠九寨沟县。

由于平武县处于四川盆地边缘和青藏高原过渡交汇地区，所以这里山势陡峭，植被丰富，风光迷人，是典型的山地自然风光地貌景观。境内山地主要由近南北走向的岷山山脉、近东西走向的摩天岭山脉和近北东至南西走向的龙门山脉组成。海拔1000米以上的山地占幅员面积的94.3%。地势西北高、东南低，西北部为极高山，向东南逐渐过度为中山、低中山和低山。西北部最高处岷山主峰雪宝顶海拔高达5588米，东南部最低处涪江二郎峡椒园子河谷海拔仅600米，两地海拔高度差近5000米，气象万千。

平武县年平均气温14.7℃，自然资源丰富，森林覆盖率达48.1%，土特产1800多种，已开发利用的就有700多种，曾先后被列为四川省茶叶、核桃、生漆、木耳、青梅、当归、党参、黄柏、厚朴、杜仲生产基地县，核桃产业在全国处于领先，被确定为全国15个重点产区县之一。天然草场210万亩，可利用面积170万亩。生长着280多种野生动物，县内大熊猫数量在岷山山系12个县中居首位。已初步探明的矿产资源有金、银、铁、锰、铅、钨、锌及大理石、花岗石、石英石等30多种。全县依靠丰富的自然资源发展商品经济，农业由单一的粮食作物发展到农、牧、林、乡镇企业并举，以茶叶、核桃、蚕桑、木耳、果梅等多种经济林产品为龙头的经济林商品基地已初具规模。养殖业比较发达，以猪、牛、羊为主。

现在的白马藏族仍然是以大力发展农、畜牧业为主。他们种植荞麦、燕麦、青稞、胡豆、土豆等多种特色农作物。他们的饮食以荞麦、土豆、胡豆、猪肉、羊肉为主。白马藏族人民很勤劳，几乎家家户户都以养猪、放牧牛羊、养蜂、种植中药材作为主要副业。农闲的时候，他们还要捻麻纺线，擀毛毡织粗布，手工酿制咂杆酒、蜂蜜酒，制作腊肉，特别是自己酿制的咂杆酒和腊肉别有风味，是他们招待客人的必备之食材。客人们吃着腊肉，喝着咂杆酒，享受着白马藏族人的盛情款待，一时间流连忘返。

在这样一种相对封闭的自然环境中白马藏族过着自给自足的农耕生活，他们勤劳善良，喜欢在生活中歌舞，在劳动中歌舞，自娱自乐。也正是在这样的自然生态系统中形成了与之相适应的、具有本民族传统文化特色的民族舞蹈。白马藏族特有的民族舞蹈是体现白马藏族历史沿袭、生活习俗、文化背景、社会结构等传统文化的"活化石"。

二、白马藏族的信仰习俗

宗教信仰是白马藏族精神文化的一个重要组成部分，宗教活动通常都是以大自然崇拜、图腾崇拜、神灵崇拜、英雄崇拜和祖先崇拜等多种形式出现，也没有一个宗教职业人员和特定的专门的宗教组织。他们崇拜四方大自然"神灵"和家神（老祖先），"白马老爷"为其最高崇拜偶像。

原始社会，由于其生产能力和技术水平的低下，人们在自然面前还处于软弱无力的地位，先民对天灾人祸恐惧，对日、月、星、风、雨、雷、电等种种自然现象不能正确认识，也无法解释社会上的各种变异及人的生死祸福，他们就认为是冥冥之中有神灵在主宰。于是，从最原始的时代开始，就产生了"万物有灵"的宗教观念和对大自然中动植物的崇拜心理。

崇拜心理作为古代白马氏人的精神支柱，是白马藏族人现实生活中不可缺少的精神文化，它伴随着白马藏族原始文化的产生而产生，并随着历史的发展而发展。崇拜心理是白马先民独立自我意识形成的必然产物，这也是现代中国社会文化历史进步的必然。

白马藏族的信仰处于万物有灵的原始阶段，家里不设经堂，只在灶台上点香，敬奉自然诸神。他们尊崇大自然，在他们眼里，自己身边的山、水、火、炉灶等应该成为崇拜的主体。有的时候，树桩、石窟和岩穴也成为顶礼膜拜的对象，被他们认为是神的化身。每个村庄和寨子都拥有一座自己的神山，神山上的所有花草和树木都是神山之灵，任何人都不得随意砍伐。白马藏族服饰文化的形成与本民族图腾崇拜有必然的联系。白马藏族的服饰特别富于民族特色，在色彩搭配上，明显受到了藏族的影响，色彩艳丽，但也有自己独特的风格。男性服饰以白袍系红色腰带。女性服饰非常艳丽，胸前、肩部、袖子搭配上各色布料缝成条块状的装饰，袍裙上绣有各色的花边，宽宽的腰带上绣有色彩鲜艳的各式图案，并配戴由海贝做成的发饰和耳饰，妇女胸前还戴有鱼骨牌，表现出白马藏族对鱼的一种图腾崇拜（图2-2、图2-3）。白马藏族不论男女，都会佩戴一顶插有白鸡毛的圆顶荷叶边羊毛毡帽，称为沙嘎帽，毡帽上的白鸡毛有一定含义，一片表示未婚也没有对象；插两片表示正在恋爱；插三片表示已经结婚有了小孩。白马藏族戴插有白鸡毛的毡帽成为白马藏族的一个重要的、独有的特征，也体现了本民族对白色雄鸡的图腾崇拜。

图2-2　白马少女

图2-3　白马妇女

1. 天、地、日、月是白马藏族普遍信仰的神

特殊的地理位置和历史上严酷的生存环境，使白马藏族先民产生了一份对大自然的敬畏与崇拜心理。白马藏区有众多的高山，纵横交错的沟壑、峡谷，茂密的原始森林。他们生活的地理位置是典型的农村山区，田地面积小，农耕技术相对落后，甚至有的地方还是刀耕火种，靠天吃饭。山脚和山顶之间的气候反差较大，天气变化不规律，自然灾害频繁发生。于是白马藏族先民对云雾、雷雨、闪电、冰雹、洪水等自然现象产生了敬畏和崇拜，逐渐地形成了一定数量和规模的宗教祭祀活动，这些宗教祭奠活动逐步具备了固定的地点、时间以及程式。我们也发现，在祭祀的过程中人们对诸神交叉祭祀。比如当遇到大风或者是天气干燥到山神前寻找雨的时候，要大声呼喊天神；在他们的祖先神面前还愿时，又会大声叫着山神、天神的名字；在敬拜树林神的同时，也一定要大声呼叫山神。长久以来，白马藏族一直对诸神的混祭，所以就逐渐形成了你中有我、我中有你的宗教崇拜特点。另外，白马民族创造的关于天、地、

日、月信仰方面的传统歌谣里包含着白马民族以自己的神话思维对突如其来、困惑不解的自然和天体现象进行最原始的解释。白马藏族的文化传统和自然地理文化宗教崇拜信仰如同我国其他少数民族的文化传统和自然地理文化信仰崇拜一样，起于人类原始时代，直至今日，它在我国白马藏族的传统文化和社会生活中一直具有重要的历史意义和地位。

2. 苯教信仰

白马藏族的宗教有浓厚的苯教色彩，有专门的神职人员，白马藏话叫经"北盖""北莫"，汉语叫"道师"。白马藏人的各项宗教活动都由专门的神职人员主持，从家庭内部的小仪式到聚族而办的大型祭祀活动都离不开他们。他们需要专门拜师，由师傅传授学习如何念诵经书、如何主持仪式，出师后才能独立主持仪式。年轻的称为"北莫"，年纪大一些且经验丰富后才能被称作"北盖"。北莫使用的各种经书均用藏文写作，不同经书有不同的适用场合。北莫有多样的法器，其中熊皮帽是神职身份的特殊标识，此外还有五叶冠、皮鼓、铃、锣、八色、钹等。白马地区有自己的信仰的神，不信仰藏传佛教，他们不知达赖、班禅。曾经有少数东迁而来的喇嘛也在此活动，但活动少，其影响远不及传统的北莫作用大。

白马藏区的苯教信仰最早起源于唐代。唐蕃战争中，吐蕃帝国军队入侵了西唐长安长达几百年，自西藏阿里来的军人及部分少数新疆藏族移民先后全部驻扎在今川西北阿坝、若尔盖、红原、壤塘等部分地区。阿坝州的若尔盖、松潘部分地区毗邻白马藏区。苯教最早起源于四川阿坝，这些当地的藏族军人随着东征，将其作为一种宗教带到了当时的四川阿坝地区，同时还被他们带到了当时的四川白马山等藏区。所以白马藏族人在他们的日常生活中时常诵唱"玛知"之歌，而且当地的藏族女子把源于太阳崇拜的雍仲作为符号的各种图形变体都直接刺绣在她们的全身衣服上。另外，白马藏族人跳面具舞的开始时间定在正月十三，这无疑与西藏苯教的传统宗教中的十三信仰有关，十三在苯教中被认为本身就是一个吉祥的数字。

3. 朝格神信仰

白马藏族每个山寨都有用木头雕刻制成的面具，当地有专门的民间艺人制作面具，当地的一些汉族人把面具叫鬼面子、脸壳子，而白马藏族人则称为朝格，意为变幻男相。朝格包括朝姆，意为变幻女相，还有哲，意指猴子、小丑。

甘肃陇南文县、南坪等地的白马藏族村寨，每个白马村子都有5~6个自制的面具，由会首负责统一保管。而四川平武白马村寨的家家户户都有面具，他们认为面具可以守护家人，所以在自己家门的左右侧都常年悬挂着面具护佑家人。

每年的正月初六人们才把面具取下来用于驱邪逐鬼的祭祀跳神活动。他们有共同的认知，认为面具有神灵的意义，跳神的人只要戴上面具，就是神而不再是俗人，而且具有神的巨大力量，人们可以借助神的力量驱走邪魔，带来平安吉祥。朝格神属于寨神的范畴，其地位远远超过了祖先之神。跳神时舞者要反穿上皮袄，下巴、脖子都要抹上黑锅灰，戴上面具，因为代表的是神，所以不能让人看到舞者真实的面容。

舞者以青年为主，他们个个身强力壮，他们左手持木剑，剑指天空，右手紧握牦牛尾。在传统的锣鼓、镲等打击乐器的伴奏下，迈着矫健的步伐，动作简单、古朴、粗犷、豪迈。挨家挨户地跳，目的就是驱邪纳福，不管跳到哪一家，家里的主人都早早地烧好了咂杆酒，煮熟了腊肉，杀了鸡宰好羊，以美酒盛情款待舞者即朝格师和随行人员。当听到巨大的三眼铳炮声时，朝格师已经舞到家门口了，主人先要点燃大把的柏树枝，在门槛上熏绕数次，一股股青烟便从家门口飘向空中，这样就预示着一年的邪气、晦气将被逐出，然后把朝格师迎入家中，来年的福运已经由朝格师带进家门了，来年全家风调雨顺，平安吉祥。

如果恰好遇上有的家里刚生了小孩、孩子满月或周岁，又适逢朝格师进屋，白马藏族人便认为是大吉大利。家人为了自己的孩子健康成长，会有一个仪式，即把孩子礼节性地送给朝格师，他们相信，这可以使朝格神成为小孩的保护神，一直会保佑到孩子满12周岁。人们要给第一个男相面具和第一个女相面具挂上红绸，亲自缝在朝格面具的后脑勺上，然后朝格师会逐个抱一下孩子，其中领头的朝格师就给孩子起一个幸福吉祥的名字，同时再赠以吉言。孩子年满12周岁时，选定当年朝格师进门的日子，主人家准备好丰盛的食品菜肴和咂杆酒，杀鸡宰羊，请巫师在祖先神位前祭祀。主家热情款待朝格师和巫师，并且还要给朝格面具挂红，家境好就给所有的朝格面具都挂红，孩子要跪在朝格师前叩头，以感谢保佑之恩。

4. 杨氏爷信仰

文县白马河流域的白马藏族村寨也会信仰杨氏爷神。杨氏爷不是专门的巫师，一般由个别村民兼职。杨氏爷没有经典、咒语、法器和专门的服装。白马人认为杨氏爷神可以驱鬼保佑他们平安，可以帮他们赶跑盗贼。只要杨氏爷神在自己家里或别人家里时，小偷是不敢光顾的。即使夜晚他已经睡着了，他也能知道小偷进屋了，并能把小偷抓住或者赶跑。假如遇到一个恶鬼或窃贼，杨氏爷的整个手和身体似乎都会均匀地开始抖动起来，他就会随手拿起一根驱鬼棍在房间里跳来跳去驱赶恶鬼或窃贼，最终跳着走出门口。直到逐出窃贼或恶鬼，他的整个肢体的抖动才会停止。

5. 行业神信仰

白马山的藏族人非常尊敬和十分钦佩从各种行业中涌现出来的能工巧匠，把他们当作神敬仰。不同的行业都有他们信奉的行业神，如汗巴拉即猎神，舍哲拉即木匠神，曼拉即药神，改拉即铁匠神。

宗教是一种民族文化现象，它是社会发展到一定阶段的产物。我国几乎每个民族都有自己的宗教信仰，宗教意识始终受制于民族传统文化。宗教的这种普遍性无疑直接影响到体育的产生与发展，原始的体育习俗正是在原始宗教信仰这样的前提下由客观到主观、由不自觉到自觉而发展来的，大多数民族传统体育活动都寓于民族宗教活动。[1]

白马藏族有独特的宗教信仰习俗，通过各种仪式来祭神、娱神，由此产生了各种体育活动，有舞蹈、民间体育游戏等，而祭祀舞蹈则在白马文化中占据极为重要的地位。白马藏族人的重要节日，必须有祭祀活动，男女老少都会参与，寨子里充满了狂欢和神圣的气氛。白马藏族人认为这是团聚，这是对自然的尊重，而祭祀舞蹈则是祭祀活动的重要形式。祭祀舞蹈是白马藏族人祈求庇护、驱鬼降魔、感恩自然的载体，是藏族白马人集会狂欢、欢庆节日的表现。[2] 将祭祀礼拜仪式与祭祀舞蹈完美地结合，呈现了白马藏族人的节庆崇拜狂欢、敬畏神灵等精神状态及心理。

祭祀的这种舞蹈艺术活动当然是多功能的，舞蹈艺术活动可以充分体现神灵的聪明智慧和顽强意志，表达了族人对神灵的虔诚敬仰和恐怖心理；对于一个灾难深重的民族，舞蹈是一种能够充分体现一个民族精神意志的祭祀艺术活动，能够充分激发起各族人民的顽强奋进精神斗志，昂扬的民族精神。

白马藏族所生活的地区，在唐朝时是吐蕃和唐朝之间竞争的一个重要战略

---

[8] 戴金明，梁世君，张蕊.民族传统体育文化导论[M].北京：中国纺织出版社，2019：1.
[9] 杨燕.藏族白马人祭祀舞蹈文化解读[J].大众文艺·民族民间文化研究，2016（04）：44.

区域。因此这里战祸连年不断，当地百姓饱经战争的艰辛，但他们的民间传统音乐和少数民族舞蹈却至今仍广为流传，并且被发扬光大。特殊的自然气候和特殊地理环境条件下所孕育而形成的各种民族音乐舞蹈也都具有独特的艺术风格，这些民族音乐舞蹈的肢体形态和舞蹈动作也都呈现了迥异于氐、羌、藏、汉等多个民族的多元舞蹈文化。

三、白马藏族的民间传统民俗活动

1. 烤街火

在农历的腊月初八，甘肃陇南境内的白马藏族就会举行自己的传统民俗活动——烤街火。到了这天晚上，全寨的人们不分男女老少，大家共同参与活动，全部行动起来，场面宏大，热闹非凡。而且，烤街火这项活动要持续40天，主要包括以下几项独特的活动。

第一，凑柴。也就是由各家各户捐出木柴。从腊月初八开始，吃过晚饭，各个村的青年人敲锣打鼓，唱着凑柴歌，挨家挨户去凑柴，就是到每家去拿一些木柴，然后把凑的柴集中在固定的场地备用。

第二，围着篝火欢聚。这段时间柴可以随时点燃，大家通常都会一起围着火堆烤火、聊天、讲故事、说笑话、唱歌，就像一个欢乐和谐的大家庭。

第三，跳火圈舞。全寨男女老少几乎人人参与，人们手牵手围着火堆一边唱歌一边跳舞。火圈舞其实不是一种表演，而是集体生活留下来的痕迹，人们各自发挥，尽情放松，虽然没有乐器伴奏，但是唱词欢快，伴随舞蹈，场面热闹非凡。

第四，迎火把。迎火把的寓意是迎接五谷神，这种白马藏族各个村寨共有的祭祀习俗反映出白马人的经济生活以农业为主。他们感恩神灵赐予果腹的食物。每年正月十五的晚上，人们举烛敲锣，一路奔跑到神庙。这时，会在庙前生起篝火，跳起火圈舞。全村人聚齐后，举行点火把仪式，祈祷来年要把丰收迎回家，把吉祥迎回家。接着列队点着火把返回村中。大家高举手中的火把，唱着歌，歌声、笑声连成一片，火把在歌声中摆动，像一条长长的火龙。人们返回后，未燃烧完的火把被汇聚到一块，重新燃起篝火，跳起火圈舞，继续着一天的快乐。

可以说烤街火跨越了两年，历时长达40天，时间之长世所仅见，时节正是农闲季节。凑柴、烤街火、迎火把、跳火圈舞等活动都围绕着火进行，表现了白马藏族人对火的虔诚。烤街火把春节期间人们的所有传统节日和庆祝活动都自然地连结在一起，把全村人都集中在一起，手拉手开心快乐地跳啊，肩并肩地随性地唱啊，忘掉了所有的烦恼，带来了无穷的快乐，化解了一切矛盾，结成了深厚友谊。

烤街火不仅是一项娱乐和宗教祭祀活动，更是一次全面的民俗文化展示和文化传承教育活动。

烤街火长节是白马藏族民俗文化展示和传承教育的特有空间，包含了大量关于白马藏族地区民俗、文化、艺术、信仰、审美观等各方面的信息资源，是从事民族学、人类学、民俗学、美学、历史学、社会学等各个领域学术研究的一个不可多得的宝贵的资料。

2011年陇南市人民政府《关于公布第二批市级非物质文化遗产名录的通知》，把"烤街火长节"列入第二批市级非物质文化遗产名录。

专家们一致认为，烤街火长节一旦具备了这些有利的条件后就可以通过申报被国家列入全国非遗重点保护工作项目重点名录。

2. 火圈舞

火圈舞本身就是白马人最普遍的一种舞蹈和文化活动，当地人把火圈舞也叫作跳火圈，是一项由全寨人共同参加的大型集体性活动，在当地它已经超越了手舞足蹈的娱乐与表演，更是一种必不可少的民族传统和村寨文化活动。

火圈舞主要属于各类自娱型的集体性歌舞，人人都能参与，人数多少没有限制，现今已逐渐演变成民俗歌舞。火圈舞每年从农历腊月初八白马人的凑柴烤街火活动开始表演，正月十八日（有的村寨为正月十七日）随整个春节祭祀庆典活动的结束而结束，整个活动历时长达40天。火圈舞没有乐器伴奏，属于徒手表演的传统歌舞，动作比较简单舒展，节奏普遍比较平缓，边跳边唱，人们手拉手围着篝火转圈跳，时而顺时针转圈，时而逆时针转圈。火圈舞的基本舞步较为丰富，每种舞步都有固定的演唱曲调及对唱形式。演唱曲调、舞步动作从开始的平缓跳圆圈到结束时速率渐渐加快、变换队形一气呵成，较为连贯。比较多的利用了横移步、左右交叉步、踢腿、跺脚、下蹲等下肢动作，再加上上体前俯后仰、左右的摆动，其实就是全身运动的集体健身舞蹈。如白马语的"搓贴拍贴"音调就是指跳火圈时"左踢右踢"舞步的动作名称。这些音调不但可以让人们自由地随律动载歌载舞，而且还便于舞者调整舞步及速率来统一众多舞者的步伐，使舞蹈的节奏感十分的明显，恰似形成一个强大的密不透风的防护墙，这也隐含着古时白马族对抗入侵者集体防御的心理。火圈舞动作简单易学，节奏感强，动作变换丰富，持续时间较长，使全身心都处于运动和愉悦的状态中，健身健心的效果明显。

3. 傩祭祀

傩是原始狩猎、图腾崇拜、部落之间的战争和原始宗教祭祀活动中的产物。它起源于上古，是一种利用传统宗教中的舞蹈傩表演出来祭祀人类神灵、驱鬼逐疫的一种祭祀活动，在我国许多地方都有流传。同样，我国的白马藏族也流传着这种远古傩舞文化形式，当地人称为池哥昼、鬼面子或曹盖。池哥昼傩祭祀是白马藏族图腾信仰的主要标志，也是白马藏族最为浓重的祭祀活动，每年农历正月期间都要举行，祭祀以打击乐伴奏跳池哥昼傩舞的方式逐家逐户为村民驱鬼逐疫、酬神纳吉，过程严谨，角色分工明确，原始、古朴的傩舞表演形态中全方位地透出无文字民族独有的多重文化信息，具有浓郁的原始特性和民族特色。

甘肃陇南文县铁楼乡、石鸡坝乡是白马藏族集中居住的地方，白马传统文化保留相对完整。甘肃陇南文县白马藏族的池哥昼表演形式独特、风格迥异。从白马藏族现存傩舞表演的形式和功能而言，常见的传统傩主要类型有以下两类：一类是以驱邪、纳吉为目的的祭祀傩舞，如池哥昼、麻昼傩舞；另一种傩舞类型则主要是取材于原始宗教信仰传统中的白马图腾、民族神话、先祖游牧狩猎、历史神话传说和民间典故等，如池缸麻昼和够池、杀猪和野猪。

傩祭祀是白马藏族民间传统习俗活动，参与人群广泛，形式多样，人们通过各种舞蹈的方式参与活动，运动的时间和运动量都比较大，因此有着重要的健身价值，对于全民健身和健康中国的建设有积极的推动作用。

第二节 白马藏族传统体育文化的内涵、类型与特征

在人类历史发展的漫漫长河中，体育文化进入到一个充满动态的时代进程，是现代人类社会文化的重要组成部分。民族传统体育是各民族的一切与体育有关的活动的总称，它承载着健身、娱乐、竞赛和传承民族文化等功能，反映了各个民族发展的历史文化、民族心理和社会生活，具有很强的群众性和基

础性，是中化民族传统文化宝库中的一块瑰宝。[1]

白马藏族传统体育文化是白马藏族传统文化的一部分，和白马藏族悠久的文化历史紧密相连，凸显了鲜明的少数民族特色和个性，始终与本民族人民的日常生产、生活息息相关。集民族文化特色、健身、娱乐等多种文化功能为一体的白马藏族传统体育运动，是白马藏族人民长期在特定的文化环境和社会环境下不断创造并继承的社会体育文化，是我国体育文化的一部分。

一、白马藏族传统体育文化的内涵

（一）白马藏族传统体育文化是人类特有的社会实践活动

体育作为人类生活和社会的一种现象，它本质上就是一种以人类的需求为目标，并且能够有意识地进行社会性的身体实践活动，是一种人类为了自己的生存和发展而自我选择的结果。

人类社会的各种活动无不以社会的各种需要来决定它们的产生、存在和发展，也可以这么说，人类的各项活动都是由于需要而产生的，生产生活的需要是人类一切行为产生的原动力，人类的各项行为则应该是为了适应和满足其需要才自然产生的。因此，人类的各种体育活动都应该被认为是由于其需要而进行的，人类和整个人类社会的各种需要决定着体育活动的目的。

人通过自己的各种身心运动作用于整个世界、认识整个世界，从而改造整个世界，同时也影响改变着人自身；人类在长期的社会实践活动中，逐渐认识到了身体健康运动对人类存在与发展的重要性，从而能够更加有目标、有意识地创造体育这一社会实践活动。

白马藏族在长期的文化历史和发展进程中，经历了许多磨难和艰辛，他们在生产生活、宗教祭祀、军事战斗中将其身体和精神本能的各种动作转换为个体或群体的自觉性行为时，就已经逐渐形成了这个民族所特有的一种社会实践性活动，而这一类社会实践性活动最突出的特征就在于身体练习贯穿了始终。

---

[1] 王海平.民族传统体育文化的传承发展域保护研究［M］.长春：东北大学出版社，2017.

（二）白马藏族传统体育文化以本民族民俗文化为母体

人类身体动作本质上就是文化构建的产物，身体动作作为文化的一种符号，赋予了文化于外形和内涵。白马藏族在漫漫的历史长河中，创造、发展、传承了自己独具特色的身体文化，正是由于它具有独特的、丰富的文化形式、内涵与价值，所以才使得它在白马藏族人民的生活中无可替代，有重要的地位和作用。

白马藏族认为劳作本身就是舞蹈，他们利用独特的语言和肢体运动，以歌舞的形式作为主要的艺术表现形式，追忆着民族进步和社会发展的艰苦历程，抒发他们热爱生活、乐观豁达、积极进取的情怀。就像白马藏族民俗活动烤街火，把人们联系、聚集在一起围着火堆嬉戏、歌唱、舞蹈，给白马人提供了一个交往、沟通、娱乐的平台和空间，而且还给这个没有文字的社会提供了传递族群知识、增进身体记忆的空间，火圈舞便是白马藏族在烤街火民俗活动过程中的身体实践活动。

白马藏族的体育活动是依附于本民族民俗文化母体的一种体育文化体，它不是一种纯粹的体育项目，从某种角度来讲，它是白马民族文化的一种载体。

白马藏族传统体育文化既承载了本民族厚重的文化历史，也是白马藏族鲜明的、独特的民族标志性符号，更是中华民族不可多得的文化瑰宝。白马藏族优秀的传统体育文化，内涵丰富，是构筑社会体育、特色文化旅游及学校体育艺术文化建设的重要内容，它的体育文化价值也可以通过社会体育与学校体育两种途径相结合而得以真正地体现。

经过历史的沉淀和积累，白马藏族人民在生存和发展的过程中，创造出了丰富多彩的民族优秀体育文化。他们在长期的民族迁徙中，不屈不挠，经历了残酷的战争，他们被迫居住在高山峡谷中，生产技术水平低下，交通又不便利，信息闭塞，文化氛围狭窄，受到经济和社会的自给性、地方封闭等因素的影响，所以孕育出来的体育文化必然带有很强的地域性特征；白马藏族传统体育运动项目与传统的文化和风俗习惯紧密结合，相互渗透，形成了传统文化和体育运动的民俗特色；传统的体育项目始终贯串在各种民俗活动之中，以强身健体为目的的表演性、娱乐性运动项目居多。这些体育活动大都在农闲的时节开展，欢庆丰收、迎接佳节、恭贺新婚等，都将体育运动寓于休闲、娱乐之中，扩大了欢快愉悦的氛围。白马藏族传统体育文化是经过长期的生活劳动实践创造的独特体育形式，这些融艺术、体育于一体的体育活动代代相传，成为白马藏族人民生活中不可缺少的重要内容。

二、白马藏族传统体育项目的分类

（一）传统体育项目的分类方法

少数民族的传统体育项目在总格局上呈现出多样化的特点，在地域分布上也是有一定的广泛性的，在经济社会发展方面又呈现出一种不平衡的特点，所以也很难运用统一的标准对传统体育项目进行分类，因此体育项目的分类方法比较多，常用的分类方法有八种，归纳如下（表2-1）。

表 2-1　民族传统体育项目的分类方法

序号	分类方法	类　别
1	按照人类学的观点分类	1. 与生命起源有关的项目 2. 与种族繁衍相关的项目 3. 与生产活动有关的项目 4. 与文化发展程度有关的项目 5. 与种族再生或复兴有关的项目 6. 与部落战争有关的项目
2	依据传统体育的性质分类	1. 竞技类 2. 游戏类 3. 养生类 4. 游乐类 5. 表演类
3	依据内容和形式分类	1. 竞技类 2. 养生类 3. 表演类 4. 游乐类

(续表)

序号	分类方法	类别
4	依据传统体育发展过程及成熟程度分类	1. 民间传统体育游戏 2. 少数民族体育 3. 养生导引气功 4. 武术
5	依据地域分类	1. 东北地区传统体育项目 2. 华北地区传统体育项目 3. 华东地区传统体育项目 4. 华中地区传统体育项目 5. 西北地区传统体育项目 6. 西南地区传统体育项目 7. 华南地区传统体育项目
6	按照体育项群分类	1. 嬉戏娱乐项目 2. 竞技性项目 3. 民俗节庆项目
7	按传统体育的功能分类	1. 健身类 2. 娱乐类 3. 教育类 4. 竞技类
8	按表现形式、特点分类	1. 球类 2. 水上项目 3. 射击 4. 骑术

（二）白马藏族传统体育项目的分类

要将白马藏族传统体育项目进行合理的分类，首先要在了解白马藏民族传统体育共性的基础上，再对白马藏族传统体育的本质进行概括。本书以分类学原理和民族传统体育理论为基础为白马藏族传统体育项目进行科学、合理的分类。

把田麦久先生提出的项群理论运用到我国传统体育中可以将传统体育项目划分为三类即嬉戏娱乐类、竞技类、节庆习俗活动类。就目前的几种分类方法中，田麦久提出的项群理论是现代民族传统体育分类中比较普遍和流行的一种分类方法，基于项群理论分类方法为基础，我认为可以将白马藏族传统体育项目划分为节庆习俗类、竞技类、嬉戏娱乐类三种类型比较合理（表2-2）。

表2-2 白马藏族传统体育项目的类型

序号	类别	传统体育项目
1	节庆习俗类	1. 祭祀傩舞：池哥昼、麻昼、秋昼、阿里改昼、杀野猪、池母擀面、杻疙瘩、甘昼、麻够池 2. 火圈舞
2	竞技类	1. 角力类：拔河、摔跤子、扭要子、顶杠子、射箭 2. 决胜类：赛马、射箭、比武、举重
3	嬉戏娱乐类	1. 体育游戏：打秋千、打毽子、臭楼沙、打毛蛋、滚铁环、打沙包、抓子、斗鸡、老鹰抓小鸡、丢手绢 2. 生活歌舞：打墙歌舞、背粪歌舞、敬酒歌舞

三、白马藏族传统体育文化特征

1. 原生性

现今的白马藏族绝大部分生活在甘肃省文县和四川省的平武、松潘、九寨沟等地区。就目前我国旅游业开发的深度和广度而言，四川省的平武、松潘和九寨沟明显地优于甘肃省陇南文县。这种情况，一方面在一定程度上反映出两省在开放程度和经济社会发展水平上的明显差距。但从另一个角度看，也正是由于甘肃陇南文县的旅游开发起步较晚，白马民俗文化保存的才相对较好，受到的破坏程度也相对较小，大多数都保留着原始的风貌，因此也更具有原生性的特征。陇南文县白马民俗文化的原汁原味，也保证了白马藏族传统体育文化的原生性，对外来游人更具魅力。

2. 独特性

白马藏族的传统文化是独一无二的。20世纪50年代初期民族识别时，他们被暂定为待识别的藏族。然而他们与藏族人的区别又很明显，其民俗文化也是本民族特有的。如：藏族人有语言有文字，而他们有自己的语言却没有文字；藏族人穿藏袍，而他们却有自己的服饰；藏族人原本居无定所，过着游牧生活，而他们的居住是依山而建的固定木屋；藏族人吃藏粑、喝青稞酒，而他们却有自己的餐饮；藏族人唱藏歌，他们有自己的歌曲；藏族人跳锅庄舞，他们跳池哥昼、火圈舞；

藏族人过藏历年，他们过春节，而且把正月十五火把节视为大年，最盛大的节日。火把节是白马人驱邪消灾、庆祝吉祥、迎接五谷神下凡的日子。从早晨起，家家户户便开始捆扎火把。傍晚时分，全村人聚集在一起朝天鸣放三眼铳，对天跪拜，祷告神灵。接着，青年男女手持尚未点燃的火把，载歌载舞，浩浩荡荡向山顶挺进。当夜幕降临时，众人在山顶点燃篝火，欢快地跳起火圈舞，设祭坛，摆贡品，敬五谷神。随后再次鸣放三眼铳，众人点燃火把，唱着火把歌一路飞奔，返回寨子。此时，远远望去，数十枝、上百支火把连成一条线，就像一条火龙在山间蜿蜒飞腾，气势场面壮观。当火龙回村时，村里的老人和小孩便纷纷点燃朝纸，往自家迎接五谷神。最后，人们将火把汇到一起，在广场燃起熊熊大火，并再次跳起欢快的火圈舞，一边歌一边舞，直至人困火熄。因此，他们对人们称其为白马藏族很不以为然，而自称是白马人。

3. 唯一性

甘肃是中国少数民族较多的省份，其中独有的少数民族有保安族、东乡族、裕固族，其中保安族和东乡族受回族影响较大，民俗同回族相近，它们信仰伊斯兰教；裕固族则信仰喇嘛教格鲁派（黄教），其民俗同藏族和蒙古族相近。虽然藏族对白马藏族有一些影响，但二者的民俗文化却有很大的差异。因此，白马民俗文化在甘肃民俗文化中独占鳌头，具有垄断性质。又因为回族、藏族和蒙古族在全国其他省区还有更多的聚居区，而白马藏族人的聚居区仅在甘川交界，因此白马民俗文化在甘肃民俗文化中弥足珍贵，甚至在全国都具有唯一性、垄断性和不可替代的地位。

第三节　白马藏族传统体育文化的功能

《现代汉语词典》将功能解释为："事物或方法所发挥的有利的作用和效能。"那么，我们可以这样理解，白马藏族传统体育的功能就是指白马藏族传统体育这一文化活动对人和社会的进步和发展所能发挥的有利的促进作用和效能。它主要有凝聚功能、教育功能、娱乐功能以及健身功能等四个方面。

一、凝聚功能

民族传统体育作为民族生活中自然派生的习俗文化，能够强化民族成员之间的自我认同感，使民族成员凝结为一个精神共同体，产生凝聚力，对本族文化进行传承和发展。[1]白马藏族人民在长期的生产劳动、生活习俗中逐步形成了特色鲜明、内涵丰富的民族传统文化，其中也蕴含了丰富的、形态多样的白马藏族传统体育文化活动。白马藏族对本民族的传统文化有着极为强烈的认同感和归属感，白马藏族传统体育大部分都是集体参与的形式，主要以民族习俗和宗教祭祀为载体，因此白马藏族人积极参与并表达对祖先和神的敬意。而

---

[1] 王海军.民族传统体育文化的传承发展与保护[M].长春：东北师范大学出版社，2017.

在参与民族习俗和宗教祭祀活动时不但可以强身健体，同时可以增进人与人之间的感情，白马村寨之间以及与外界的相互交流。

白马藏族酷爱歌舞，在歌舞浓烈的民族氛围中他们形成了会说话就会唱歌、会走路就会跳舞的个性，比如像矫健欢快的火圈舞，以及极富宗教色彩的傩舞，无不显示出白马藏族厚重的文化底蕴，因此傩舞以及民间舞蹈成为了白马藏族民族传统体育的主要内容，有着鲜明的多元文化特征。至今，白马藏族还保留着每逢重大的传统节会、喜庆时日，每个白马村寨都要表演民族歌舞的古老传统习俗，意在请神驱邪纳吉。

白马藏族人民喜欢围绕火堆玩耍、嬉戏、演奏、歌唱和舞蹈，火圈舞是白马藏族烤街火民俗活动中主要的身体实践活动，火圈舞的特点是全民参与，老少皆宜，集体性最强。

白马藏族人每年的腊月初八开始跳火圈舞。每天晚饭后，小伙子、姑娘们一边敲锣打鼓，一边唱着凑柴歌，从村口第一家开始挨家挨户去凑柴，凑柴的数量自愿，但凑柴是必须的，每到一户，主人家都会主动将柴火交给孩子们，最后将凑的柴堆放在场地中心，晚上开始点燃篝火，全村男女老少都自发地聚集到一起围着篝火，尽情地载歌载舞，释放自我，放松紧张，表达他们祈求神灵护佑幸福生活的愿望。火圈舞正是以这样独特的形式与内容，凝聚出一个族群生生不息、团结奋斗的生活状态。火圈舞是白马族的军舞、军魂，显示出一个民族精诚团结、众志成城、不屈不挠、顽强拼搏的精神。

二、教育功能

民族传统体育在各民族的教育和文化传承中起到不可替代的作用。在早期的人类生活中，教育和生产生活实践密不可分，随着社会的发展，教育和生产劳动逐步分离，民族传统体育也成为学校教育的教学内容之一，民族传统体育文化对社会和人的积极作用与持久影响。学校体育的教育功能不仅体现在对体育与技能的传授，还有一个重要的方面就是对体育文化与科学发展理念的传播。

白马藏族传统体育来源于民间生产、生活，它必然受所属宗教文化和风俗习惯的影响，蕴含着丰富的民族文化。白马藏族居住在高山、峡谷地带，生活上艰苦、交通又不便利，特殊的生活环境造就了他们朴实的性格和勤劳的品格，这些优秀文化品格是宝贵的民族文化遗产，对人们特别是处于成长关键期的青少年一代具有宝贵的教育价值。因此，充分的利用学校教育是白马藏族传统体育文化的继承与发展的重要途径，将白马藏族传统体育课程资源合理地开发引入学校体育课程中，使学生对白马藏族体育文化有更全面的认识与理解，发挥其良好的健身价值的同时让学生了解民族文化，培养学生的爱国情怀，培养学生热爱、传承、保护民族体育文化的责任和意识。

三、娱乐功能

休闲、娱乐活动是自古至今人类经济社会变革与发展的必然产物，也是世界经济社会文明与进步的必然标志。在整个人类数千年文明演变的历史进程中，休闲、娱乐一直都占据着重要的经济和社会地位。

今天，休闲文化生活已经成为文化的主要特点，休闲生活方式也越来越多样。民族传统体育在经济社会的发展过程中，逐步形成了具有浓郁民族色彩的健身、养生、竞技和娱乐等活动。由于各个民族生活的地理环境迥异，生产、生活方式各具特色，因此各族人民都创造出了众多内容丰富、形式多样的体育健身和娱乐项目。

随着我国社会经济的进一步发展，人民群众的物质生活及精神生活都得到了很大的改善。人们对精神生活的要求也越来越高。于是体育运动便更加要突出娱乐性的成分和价值。少数民族传统体育大都是以娱乐为主要内容，为广大群众的休闲生活服务。

白马藏族传统体育具有鲜明的娱乐特征，例如，白马藏族的民间歌舞、民间体育游戏等都是人们在生活劳动之余寻求放松的娱乐形式。人们参与这些活动，既可以强身健体，又可以通过趣味性的活动达到调节生活、休闲娱乐的目的。白马傩舞活动作为白马藏族主要教化手段和民俗娱乐活动的表现形式，集敬神、驱鬼、娱人为一体，也是白马藏族民俗文化娱乐的重要表现手段和主要内容，白马藏族傩舞既可以娱神也可以娱人。

四、健身功能

中华民族传统体育文化崇尚适度、和谐、整体运动的健康养生理念，其中所包含的内外统一、身心和谐、动静相宜等诸多辩证思想观念，对于促进身体健康具有独特的指引意义。

民族传统体育的健身价值主要通过完成特定的技术动作和达到一定的技能水平来锻炼人体的力量、耐力、速度、灵敏和柔韧。[1]白马藏族传统体育文化活动是健身和娱乐的重要内容，是身体运动与艺术的完美融合，具有较强的健身性。比如形式多样的白马藏族民间舞蹈，运动过程中负荷可以达到中等强度，是一种运动持续时间相对较长的有氧健身运动，有益于机体有氧代谢能力的改善和提高，它是一项颇具民族特色的有氧健身运动，健身作用明显。在动作形态上，民间舞蹈很多动作都是上肢的屈伸、摆动，身体的俯仰、转动，下肢的走步、跑动、跳跃、下蹲等，有的身体运动的动作幅度较大，全身各个部位都要协调用力，有利于身体的全面锻炼。白马藏族传统体育多将肢体动作与音乐融为一体，节奏鲜明，增强了体育活动的娱乐性，在愉快欢乐的氛围中进行运动，可以达到健身、悦心的目的，促进身心健康。

白马藏族传统体育大部分都是集体性活动项目，大部分都融入各种类型的民俗活动或宗教祭祀活动之中，很多项目都适合大人和小孩，正是因为这个适合大众人群锻炼的特点和优势，可以吸引更多的人参与其中，自由自在，无忧无虑，尽情体验和享受运动带来的快乐，参与的人在不知不觉中就已经获得了身心健康。

---

[1]刘少英.民族传统体育学[M].北京：民族出版社，2011：1.

第三章　白马藏族传统体育文化资源现状调查

任何一种文化都必然具有其特定的产生和发展的土壤，都必然和整个社会的政治结构、经济结构密切联系，相互影响。我国是一个多民族的国家，各民族人民共同创造了伟大的中华文明，共同铸就了光辉灿烂的中华文化，向世人展现了与其他族类文化迥异的内在特质和中华民族精神风貌。在中华民族的演变进程中，中华民族传统体育文化资源就在这片广袤的沃野中生根、发芽、生长、壮大。

人类的日常生产和日常生活实践都来源于人类的各种需要，同样，民族传统体育文化也正是由于各民族人民的各种生理需求以及社会发展需要而逐渐产生的，是与各个民族认知能力水平的提高以及其自然、经济能力水平有机地相适应的一种文化。人类的这些需要与人类的生产、生活实践密切相关，包括生活需要、健康需要、娱乐需要、战争需要，还包括节庆活动和宗教信仰等。

白马藏族传统体育文化就是本民族人民在改造自然、适应自然的生产劳动、生活过程中共同创造的具有一定目标的一种社会实践性活动，内容丰富、形式多样，包括白马藏族人民在生产劳动、宗教祭祀、日常生活中特有的以身体活动为媒介的、具有独特的民族特色的各种各类社会文化现象，是白马民族生活中不可缺少的重要内容，是白马藏族传统文化的重要组成部分。

白马藏族传统体育文化资源主要包括三类：节庆习俗类、竞技对抗类和嬉戏娱乐类。

第一节　白马藏族节庆习俗类体育文化资源

民俗节庆是一个民族特有的庆典活动，是一种寓意深刻、独特的表达文化的方式，它对文化的传递起着重要的作用。从节庆活动中呈现出古老而丰富的民族体育文化，反映出不同民族社会历史和文化变迁的轨迹，涵盖了一个民族的文化内涵。[1]

白马藏族各地都有自己独特的祭祀风格、习俗和各种娱乐活动。例如陇南白马藏族最重要的节庆活动之一就是春节，期间他们还需要举办非常隆重的舞蹈和傩舞献礼仪式来祭祀，称为傩祭祀。傩祭祀是白马藏族自远古以来一直传承至今，每年春节期间各村寨都必须要举办的一种重要的祭祀仪式；因为白马藏人族能歌善舞，所以每逢节庆、农闲时节和各种文化娱乐场合，他们都会点燃一堆篝火并一起环绕着篝火，欢快地跳起属于他们自己的火圈舞，久而久之这也成了他们的习俗，称为烤街火。在每年的大型傩祭活动和烤街火民俗活动中，白马藏族运用身体语言以体育与艺术的形式展现了白马藏族人民的民族情怀和百折不挠的民族精神，传统舞蹈就是白马藏族在节日期间举行的各种庆典活动中的一类民族特色鲜明的节庆习俗类体育。

表演内容丰富，民族气氛浓郁的白马藏族优秀传统舞蹈，赋予人们一种神秘的色彩，许多舞蹈还同时具有崇拜祭祀、仪式、民俗、自娱、健身、艺术等多重要素。依据白马藏族现存传统舞蹈的主要表演形态及寓意，可以把白马藏族节庆类的传统舞蹈归为两类：傩舞与火圈舞。白马藏族传统舞蹈在重要的祭祀活动期间都要专门表演，并且结合各种祭祀礼拜仪式来进行。傩舞就是白马民族在大型祭祀活动中的原始图腾舞蹈，代代传承，从远古流传至今，具有了祭祀、娱神、娱人等诸多功能。

白马民族火圈舞主要是在白马民族的节庆、祭祀和休闲娱乐活动中所进行表演的集体舞的一种。人们手拉手、胳膊相互挽在一起紧密地围成一个圆圈，圆圈中央是燃烧的熊熊火焰，火光冲天，人们围着篝火载歌载舞以转圈的方式进行。火圈舞没有人数、性别等限制，是一种娱乐性较强的集体歌舞。傩舞与火圈舞共同的特点就是通过丰富的身体运动语言表现它们娱神又娱人的功能，

---

[1] 陈炜，朱岚涛，文冬妮.桂滇黔少数民族传统体育文化资源调查与开发利用研究[M].北京：科学出版社，2017：5.

也正是丰富的肢体运动才体现出它必然的体育价值。

一、祭祀傩舞

傩文化是一种民族特色文化，并且具备悠久的文化内涵，傩文化是宗教文化和巫祭文化的集合体。傩文化是中国古代祛邪祛魔和巫术的一种，是一种古老的文化和祭仪，它是人民大众为了达到驱鬼逐疫、祛灾祈福的宗教目的和生活需要，在对大自然的崇拜与对神灵的崇拜中必然产生的，傩文化的基础与核心就是驱鬼祈福。国内外古老的国家或地区均留下了傩文化的发展演变痕迹，如欧洲大陆盛行的宫廷假面舞剧、意大利的即兴喜剧、非洲原始部落民族的纹身、印第安人的图腾饰品、欧美的化装舞会等，又如我国古代迷信色彩浓厚的宗教活动、巫祭活动都是傩文化的外在表现形式。

傩是上古时期原始宗教的产物，"是人类最早发挥本体精神力量，使用巫术手段向极端恶劣的自然环境索取起码的生活条件，拓展生存空间，进行两种互为关联的生产活动——物质的生产和人口的繁殖，从而展示人类早期生命的价值"。[1] 人们通过傩祭仪式借助神灵的威力，帮助驱除旱、涝、火、虫等自然灾害，驱除人体瘟疫疾病等灾害，也体现了傩的一种生命的张扬。

傩随着漫长的历史文化的传承和社会的发展演化，积累了丰富的历史文化底蕴。它包括古代人类学、社会学、历史学、宗教学、民俗学、戏剧学、艺术学、体育学等多种不同学科的研究内容；我国傩文化遗产属于国家级非物质文化遗产，具有不可再生性，如果得不到保护一旦消亡，就再也没有可能被复活，它对我国诸多学术领域和科学研究实践方面有深远影响和重要意义，是人类宝贵的精神财富。

殷墟甲骨文的卜辞中就曾经记载有关于古代跳傩的神话传说。自秦汉至唐宋就一直盛行跳傩舞傩祭的民俗，沿袭了一千多年并一直得到传承和发展，并不断进行演变和创新发展；发展到了明、清两代，傩舞虽然古意犹存，但已经逐渐发展为一种民间传统文化表演活动，并迅速向传统戏剧表演方面发展，成为一些汉族地方的传统傩堂、少数民族的傩戏、地方的傩剧。发展到了今天，在湖南、湖北、江西、广西等地及全国各地的许多农村，依然还保留着相当古老的民俗傩舞的形式，这些就是我们宝贵的民族传统文化的"活化石"。

---

[1] 王兆乾，吕光群. 中国傩文化通论 [M]. 汕头：汕头大学出版社，2007.

中国传统上的傩舞因为地区不同，其所需要表演的舞蹈风格也多种多样，表演时佩戴不同的面具扮成不同的角色，其中既有中国神话的人物形象，也有社会世俗中形形色色的人物和历史名人，由此构成庞大的傩神谱系。傩舞所伴奏的打击乐器简便，一般为打击乐器，如敲击鼓、锣等各种器具。傩舞往往在传统傩仪的主要仪式表演活动开始过程和其中的主要表演高潮段部分以及舞蹈节目的主要表演阶段连续出现，各地区傩舞的舞蹈节目、表演内容都十分丰富，还兼具了宗教祭祀、健身和文化娱乐等多重重要作用。

傩舞是我们的祖先创造出来的艺术形式之一，是古代百姓用以"驱逐四方疫鬼"的一种形式。[1]傩舞，又称"跳傩""大傩"或"跳鬼脸"，是中华民族传统面具舞之一，是传统社会具有祭祀礼仪性质的原始舞蹈，原始民族通过一种神秘而古老的原始祭礼，表达鬼神崇拜从而达到驱鬼祈福的心理需求。傩舞历史久远而内涵丰富，是我国各民族民间民俗文化的重要传统艺术文化精髓之一。傩舞非物质文化遗产项目被选为2006年国家级重点保护项目之一。

传统上的傩舞以驱鬼逐疫、祈求和谐平安为主要活动目的，具有很强的群众参与性。傩舞表演时，舞者们头戴面具，呼喊赶逐，围观者众多，场面热闹。随着傩舞在历史文化中的发展，它的功能也不断地演变，宗教的色彩也在逐步被淡化，祭祀的这种娱神性用途和目的慢慢地演变为了既娱神又娱人，并且娱人的功能不断强化。另外，傩舞还充分吸收了传统拳术、戏曲和舞蹈中的各种动作，舞步灵活多变，有跳跃腾步、平步、点步、交叉走马步、跑跳步、跺脚等，还有跳马腾跃、翻滚、旋转等一些具有一定难度和技巧性的动作，因此提升了傩舞动作的速度、力量，提高了傩舞的艺术性、欣赏性，也更加突出了体育美育的价值。

傩舞是一种古老的祭神驱鬼的舞蹈，反映了我国古朴的民间民俗生活的风貌，传承的方式主要是口耳相传、家传与师传相结合。以古朴的仪式、多样的形式、翔实的内容显示出其独具特色的体育、艺术的魅力。随着社会的发展和社会文明程度的提高，今天的傩舞娱乐的成分更多，健身娱乐的作用更加明显，对于全民健身和健康中国的建设有积极的推动作用。

白马藏族传统傩舞起源于古代白马藏族的祭祀、生产、日常生活的实践活动，依附于各种节庆活动而存在。是白马藏族在长期的生产、生活实践中创造

---

[1]冉孟刚.贵族土家族民间舞蹈"傩舞"体育文化价值的分析研究[J].体育科技文献通报，2011（5）：108-111.

的一种艺术表现形式；是白马藏族驱鬼祈福的一种原始宗教活动；是白马藏族礼仪和教化的一种手段；是白马藏族健身娱乐的一种表现形式。白马藏族通过跳傩祭祀活动达到了崇拜神灵、驱鬼逐疫的目的，同时又达到了娱人又健体的目的。因为傩舞利用身体运动完成表演活动的特质也就理所当然地体现了体育健身的本质功能。因此傩舞既是白马藏族的一种祭祀舞蹈，又是一项民族特色鲜明的民间传统体育活动。

白马藏族傩舞是古代的一种原始宗教文化遗产，正是它在白马藏族宗教和生活中所占据的独特地位和作用，才有了今天的传承和发展。如以池哥昼、麻昼为代表的群舞及小舞剧表演等，融歌、舞、乐、技为一体，配合白马藏族地道的原始民歌、原始舞蹈、原始道具（面具、乐器、服饰），经过男女的对唱、轮唱、迭唱烘托气氛、融进祭祀、祈求、抗争、诉讼、爱情等内涵，使得表演缤纷多彩，极具故事性和娱乐性，有着深厚和广泛的群众基础。[1] 白马藏族傩舞属于哑面具傩舞，常见有两类：一类是以驱邪、纳吉为目的的祭祀傩舞，如池哥昼、麻昼傩舞；另一类是取材于原始信仰中的图腾神话、先祖狩猎、历史典故等题材的情景傩舞，如嘛够池、拐疙瘩、甘昼、秋昼、池母擀面、杀野猪、阿里该昼等。[2] 情景傩舞展现了白马先祖生存、创业、战斗等原始场景，目的在于追述功德，凝聚民族情结。

陇南白马藏族傩舞根据基本表现形态可以分为：池哥昼、麻昼、秋昼、阿里改昼、杀野猪、池母擀面、拐疙瘩、甘昼、嘛够池。

（一）池哥昼

甘肃省陇南文县地理环境特殊，交通条件相对较差，文化环境也相对闭塞，所以文县池哥昼受到外来文化的影响较小，至今仍然是保留最完整、最具民族特色的一种传统的祭祀舞蹈，被人们称为面具舞或鬼面子舞，又被人们赋予了传统的祭祀祖先、祈福丰收、消灾祛邪的重要功能。池哥昼傩祭是最古老的一种传统傩礼活动，既有神秘的宗教气氛，又有浓厚的娱乐成分。池哥昼既是一种白马山寨的祭祀活动又是民俗体育娱乐活动，表演程序上有固定套路，以身体的各种舞蹈动作为中心贯穿于活动的始终，服装、道具、舞姿等都有别于其他的歌舞动作样式（图3-1、图3-2）。

---

[1] 蒲向明.陇南白马藏族傩舞戏表演艺术论［J］.四川戏剧·少数民族艺术，2011（5）：96-99.

[2] 张益琴.陇南白马藏族民族文化研究舞蹈卷［M］.兰州：甘肃人民出版社，2011：9.

图3-1 文县白马藏族"池哥昼"表演

图3-2 文县白马藏族"池哥昼"表演

跳池哥昼是白马藏族传统的民间节庆习俗，表演与祭祀的议程、仪式相协调统一，在打击乐的伴奏下跳傩舞池哥昼，按照一定的时间顺序每个村寨跳，每个村寨都要入户到每家每户跳，主要目的是驱鬼祈福。在跳池哥昼之前，要做的就是祭祀神灵，宗旨就是为了给人们请神驱灾、降福。每年的春节期间，生活在白马河畔的每一个白马村寨都必须跳傩舞池哥昼。从正月初五起，人们就开始在本村子的一个大场里进行演练，每天都是由负责的人组织本村村民们进行练习，本村还有专门的当地人员进行教授学习。到了正月十三白马山寨的节庆祭祀活动就开始了，跳池哥昼也就正式开始了；有的村正月十四跳，有的村正月十五跳，先从铁楼乡的麦贡山起步，按顺序依次由东向西，大村寨跳两天，小村寨跳一天，一直跳到正月十六结束。寨子里池哥昼既有它特殊的表演时间也有它固定的程式和内容，这种集体活动集体性很强，是高度山寨化的传统文化活动。池哥昼以舞蹈作为活动的主线贯穿于整个过程中，自始至终都在不停的舞蹈，肢体动作富有力度感和节奏感，因此具有一定的健身作用（图3-3~图3-6）。

图3-3　池哥昼边走边表演

图3-4 池哥昼表演队爬山

图3-5 敲锣打鼓，走村串户表演池哥昼

图3-6 池哥昼入户驱邪

池哥昼是一种由男子组合跳的集体傩舞，表演一共有九个主要角色，分别有池哥、池母、知玛三个不同的角色。其中四个人分别扮演池哥，头戴面具，跳池哥的舞步；二人扮作池母，头戴面具，身穿民族女性服装，跳着池母的舞步；三人扮演知玛，脸上涂抹锅墨，不戴面具，衣着简陋的传统服装，样子诙谐，像个小丑角，表演带有故事情节的传统知玛舞步。

池哥昼动作是伴随着锣、鼓、钹（大小钹）等打击乐进行的，表演和祭祀的议程、仪式相统一，在打击乐伴奏下一家接着一家的唱跳。而且非常特殊的一点是每当池哥昼队伍即将到达某户人家，或者是即将离开某户人家的时候，除了燃放鞭炮以外，会有专门的炮手点放三眼火铳。这种三眼火铳是白马人自制的一种炮，它响声如雷，震耳欲聋，非常有震撼力。池哥昼节奏明显，动作简单、古朴、大方。

池哥昼表演时要按照傩祭祀固定的程式进行，包括人物的造型、动作、出场的顺序、表演的内容和队形的变化都有固定的套路，不同角色有专门的动作套路，池哥跳男面相舞、池母跳女面相舞、知玛跳知玛舞，动作风格截然不同。

男面相舞：由四个池哥跳，他们均佩戴山神木制彩绘面具（老大、老二的面具相似，老三、老四面具相似），舞者头戴一块木雕的彩绘面具，面具隆鼻巨口，双目突出，额头上都印着"纵目"的痕迹；反穿一件羊皮袄，后缀一条短尾巴，身上悬挂一只铜铃，左手执一把木剑，右手拿一只牛尾刷；舞姿包括杀死野猪、打老虎、剥猴皮等各种动作，动作粗犷威猛，铿锵有力。

女面相舞：由两个池母一起跳，但由二位年轻的男性扮演，池母一般佩戴粉色的面具，慈眉善目，端庄秀丽；池母身穿华丽的彩色百褶裙，小腿上裹着绑腿，腰间挂着烟荷包或钱袋，方显雍容华贵的高雅气质，紧跟在两个池哥的身后，徒手慢慢地跳舞，表演池母的经典舞步，动作以徒手模仿在劳动中各种种植庄稼和各种日常家务活动动作为主，一步一并一合掌，一步一并一转体，一个屈膝一扭腰等，舞姿优雅大方，轻盈飘逸，起伏较小。

知玛舞：由三位男性（二个大人，一个则是小孩）装扮，脸上抹上锅墨，像个小丑，很是滑稽还有点可爱。其中一个穿着女性的服装，手持拐杖和一只讨饭的碗，扮演成一位女性角色；还有一人身穿破旧的民族服装，也拿一根拐杖，扮做一位男性；一男童衣着简陋，手拿拐杖扮成小孩；三个知玛的角色代表了一家三口，动作自由灵活，模仿力较强，表演诙谐幽默。据说，知玛角色及表演的情节里有一段美丽的爱情故事。

白马藏族的池哥昼是每年的春节期间全民参与的集体娱乐活动，是白马藏族从祖先的信仰和崇拜中继承的传统宗教文化和氏民族舞蹈。从健康的角度分析，一方面池哥昼本身可以通过肢体运动强健体魄，另一方面池哥昼通过带动全村人参与各种娱乐活动可以达到集体健身的目的，从本质上看池哥昼就是白马藏族特有的一项民俗传统体育运动项目。

白马藏族跳池哥昼是一种原始古老的傩祭文化活动，是一种驱邪纳吉的傩舞，这个沿袭至今的礼俗就是远古人们对傩文化的遗迹。直至现在，它与目前为止与其他国家和地区所挖掘出来的傩戏形式相比较，都有其本身的特殊性。池哥昼集傩仪、拟兽、模仿原始狩猎、部落文化历史、民族传说、宗教信仰、民歌、戏剧等于一体，成为一种综合性的文化艺术。所以，池哥昼具有丰富的科学研究内容及多学科方面的科学研究价值，其中体育的价值是不可低估的。

1. 池哥昼表演的主要人物

人物：主要有池哥（图3-7~图3-9）、池母（图3-10、图3-11）和知玛（图3-12）

图3-7 池哥 　　　　　图3-8 池哥面具 　　　　图3-9 池哥面具造型

图3-10 池母 　　　　图3-11 池母面具造型 　　图3-12 知玛

2. 池哥动作特征

脚步动作主要有开步、并步、跨步、单脚跳转180°，不同的脚步动作配合下肢的吸腿和上肢的各种摆动。池哥左手持剑，右手拿牛尾屈臂由内向外甩动画圆，意为驱邪，上下肢协调配合，全身运动，动作节奏鲜明，动作幅度较大，富有力度感。

池哥主要有两个动作，每个动作分别以八拍重复跳动。

动作一：共8拍，1～3拍动作，池哥左手执木剑，右手握牦牛尾，下肢双腿微屈，左脚先起步，右脚紧随其后带动身体向右平移步，同时上肢左手平拿木剑，右手握着牦牛尾由内向外甩动画圆；第4拍时左腿提膝向右方跳转180°，上肢动作与1～3拍动作相同，左手平拿木剑，右手握牦牛尾由内向外甩动画圆；5～8拍动作与前四拍动作相反（图3-13~图3-15）。

图3-13　单脚跳转180°　　　　图3-14　单脚跳转180°

图3-15　单脚跳转180°

动作二：共8拍，1~2拍右腿单腿起跳，同时吸左腿，右手执牛尾由体侧经头上方由内向外甩牛尾，左臂侧举手执木剑；第3拍，左脚向左跨步，落地时右腿于左腿前交叉，同时右手握牛尾由内向外画圆甩牛尾；第4拍，右脚向右跨步起跳，左腿前交叉于右腿前，同时右手握牛尾由外向内甩牛尾；5~6拍动作与前二拍动作相同；第7~8拍右脚踏跳吸右腿，同时向右转身180°，右手握牛尾由内向外甩牛尾（图3-16~图3-18）。

图3-16　右手在胸前由内向外甩牛尾

图3-17　左腿前交叉于右腿前

图3-18 右脚踏跳吸左腿

3. 池母动作特征

脚步动作主要有开步、并步、上步、点地，不同的脚步动作配合双腿屈膝，双手叉腰或双手合掌。动作幅度相比池哥动作幅度较小、轻柔，池母主要动作也有两个。

动作一：共4拍，第1拍双腿微屈，双手叉腰，左脚向左侧移步。第2拍，右脚随后并左脚并点地，同时双手在右上方做合掌动作。第3拍与第1拍动作相同，第4拍与第2拍动作相同（图3-19）。

动作二：共2拍。第1拍，双腿微屈，双手扶腰，右脚向左斜方上步，同时双手在左上方做合掌动作。第2拍动作与第1拍动作对称（图3-20）。

图3-19 双手叉腰　　图3-20 双手合掌

4. 知玛动作特征

脚步动作以单脚跳结合跨步为主,手持权杖随打击乐节奏上下晃动。知玛脸抹锅灰墨,动作滑稽幽默。单脚交换跳,右手执牛尾,向左甩舞一次,向左甩动牛尾时身体向左晃动一次,向右甩动牛尾时身体向右晃动一次,时而立定单脚支撑另一脚抬腿弹动;一手执牛尾,一手拿棍子,随着鼓点的节奏扭动身体自由舞动即兴表演,动作滑稽诙谐,以舞姿娱人。

(二)麻昼

麻昼被当地汉族称为十二生相,是陇南市非物质文化遗产保护项目,是白马藏族驱邪祭祀娱乐的主要表现形式之一。麻昼表演有两个池哥,还有六位男性分别头戴狮、牛、虎、龙、鸡、猪生肖面具,代表着十二生相。麻昼属于傩舞六人舞,表演动作极其丰富,表演时有固定套路和身体动作。总共有十二大套,每一大套有六个小路,共七十二小路。开始表演时由两位池哥引路,由六位男性分别头戴狮、牛、虎、龙、鸡、猪面具,身着艳丽彩裙,手持红、黄、绿色彩绸,跟随打击乐节奏以逆时针转圈的方式做模仿动物动作的舞步进行表演(图3-21)。

图3-21 麻昼表演场景

1. 麻昼表演人物及服饰道具

表演时由两个池哥领路，后面紧跟着头戴狮、牛、虎、龙、鸡、猪六个生肖面具的随行者。六具面相中，每位生肖都有一相代两相的说法。每位表演者的服饰均根据六相动物本身形象颜色而制，手持祭祀时的法器。

2. 麻昼动作特征

六位主角随行入场表演。"十二生相"是按一定的顺序一字排开，逆时针转圈或顺时针转圈，整齐有序地跳，它的基本动作有跑、跳、踢腿、抖肩等，动作大方洒脱，豪迈有力（图3-22）。表演时由两个池哥在前面带路，六个生肖面具按照狮、牛、虎、龙、鸡、猪的顺序一路排开跟随其后。麻昼一般在较为开阔的场地以转圈摆阵、模拟动物动作的舞步进行表演。

转一圈为一路，每一小路开始和结束都有固定的节奏和舞步形式，舞步为碎步踢腿、蹉步、垫步、扩胸、转身、开跨、晃手、左右拧身等，舞步时缓时急，动作复杂多变，具有一定的象征意义。

图3-22 逆时针转圈

（三）秋昼

秋昼是在池哥昼队伍进入本村有威望的人家或者是会首家以及老一辈跳池哥跳的很好的人家时表演的一种傩舞，这是为了表示对本家主人的尊敬，同时也起到娱乐观众的作用。

秋昼属于傩舞二人舞，由两位或四位池哥对舞，表演开始时先要顺时针或逆时针绕场子转几圈，然后主要是两人对跳的形式表演。两人对跳的动作主要有面对面相互搂抱、相互拉手，或者背靠着背、膝对着膝、弓步相互推挤和相互挽肘，或半圆弧移动或十字形移动，相互对抗模拟战争中各种厮杀等动作，节奏感强，动作比较夸张，主要是展示池哥的强健和威猛，也反映出白马民族期望自身强大的强烈愿望。秋昼的其他动作还有两人模仿飞鸟展翅、相互角逐打斗交颈对抗、梳理羽毛等动作，舞步原始古朴，仍保留着原始人摹仿动物或自然形象的痕迹，可以看出白马藏族动物崇拜、自然崇拜的心理，他们希望获得一种超越自身的力量，可以驾驭它们，带着神秘的巫术性质。

秋昼是在池哥昼傩祭祀队挨家串户进行驱邪仪式期间进行穿插表演的，由池哥扮演者专门表演，一般由池哥四人中的任意两人表演或者四人同时表演。秋昼随池哥昼傩祭祀活动从正月十三开始，正月十四、十五进行表演，在各家各户院落表演并入户驱邪。

1. 秋昼人物及服饰道具

秋昼表演人物及服饰道具等与池哥昼中的池哥相同，这里不再赘述。

2. 秋昼动作特征

秋昼傩舞的脚步动作主要有平蹉步、弓步、跨步、单脚跳，不同的脚步动作配合下肢的高抬腿和上肢的上举、前屈，上下肢协调配合，两人对跳，动作节奏鲜明，铿锵有力（图3-23~图3-26）。

图3-23 二人对跳，单脚起跳，双手胸前交叉

图3-24 二人相对拉手，前后左右蹉步平移

第三章　白马藏族传统体育文化资源现状调查

图3-25　二人背对背，前后左右蹉步平移

图3-26　斗鸡

（四）阿里改昼

阿里改昼是池哥昼傩祭祀仪式中的一种模拟原始狩猎场面的情景式表演的祭祀舞蹈，表演过程主要是再现斗兽的场面。

阿里改昼由傩祭祀角色里的三位知玛表演，分别装扮成猎物和猎人，通过各种跑动、跳跃，两人相互的推挤、抱摔、按压等动作，模拟白马藏族原始的捕猎、杀兽、肢解动物尸体的场景，均是白马先民们企图征服自然的巫术行为。

1. 阿里改昼人物及道具

阿里改昼表演人物及服饰道具等与池哥昼中的知玛相同，阿里改昼一般于池哥昼入户驱邪仪式过程中穿插表演，由三位知玛表演，其中一位知玛扮演猎物，是表演的主要角色，另外两位知玛扮演狩猎者，围绕猎物展开围捕。

2. 阿里改昼动作特征

阿里改昼脚步动作主要是跑步、跨步、跳步，不同的脚步动作配合右手拿牛尾左右甩动模拟各种狩猎的动作。动作节奏快，时而顺时针跑动时而又逆时针跑动（图3-27、图3-28）。

图3-27 逆时针跑跳转圈，寻觅猎物

图3-28　降服猎物，围着猎物欢跳

（五）杀野猪

杀野猪属于情景傩舞，四个池哥、三个知玛集体表演，模拟捕杀野猪的的场景。一般在池哥昼祭祀送神仪式结束时，在较为空旷的场地上表演。

开始时首先由一位野猪角色（一位知玛扮演）头戴野猪头面具突然出现在空旷的山地里并四处转悠，然后开始啃起了庄稼。这时池哥、另外两位知玛和全体群众一起列队围追堵截野猪，手拉手形成一个包围圈并大声地喊叫，野猪吓得四处逃窜；围猎者追赶野猪的节奏随着打击乐鼓点节奏的加快而逐步加快，围猎圈也逐渐缩小，野猪被层层围堵无处躲藏，这时，听到几声炮响，野猪便应声倒下，围捕大功告成；最后就是宰杀野猪的场景，之后人们开始肢解野猪，围猎大获成功，表演结束。整场模拟围猎的表演动作形象逼真、原始古朴，表现了白马先祖凝心聚力，集体围猎的原生场景。

1. 杀野猪人物及道具

表演由四位池哥、两位知玛、一位野猪扮演者和若干民众共同参与完成。杀野猪人物角色、道具同池哥昼。

2. 杀野猪动作特征

杀野猪主要是利用跑步、行走，模拟在森林中搜寻野猪、围追、堵截、擒获、肢解分食野猪的狩猎动作，动作节奏较快，在跑动、追赶中完成表演（图3-29、图3-30）。

图3-29 野猪出现、游走

图3-30 擒获野猪

（六）池母擀面

池母擀面属于傩舞二人情景舞，表演者模仿生活中女性在厨房里烧水做饭的生活场景。池哥昼中的两位池母在打击乐的伴奏下，模仿生活中洗锅、和面、揉面、擀面、切面、倒水、烧水、捞面等劳动过程，再添加上桌子、擀面杖、切菜刀等道具，使表演更加真实、细腻、流畅，体现了白马妇女厨房劳作的原始生活场景。一般在池哥昼入户驱邪过程中由两位池母角色在村民家（院落里）进行表演，是池哥昼祭祀活动中唯一有生活情节的女面相傩舞。

1. 擀面人物及道具

池母擀面人物及道具服饰等均与池哥昼舞中的池母相同。

2. 池母动作特征

池母擀面的主要动作有右平移步、逆时针进退步、转身、吸腿、摆胯合掌、屈膝扶腰、各种模拟挽袖子、和面、擀面、捞面、敬天神手臂动作（图3-31、图3-32）。

图3-31　池母擀面

图3-32 池母捞面、敬天神

（七）拐疙瘩

拐疙瘩是池哥昼祭祀仪式中的情景性傩舞。拐疙瘩由池哥昼傩舞的成员和在场的所有民众共同参与，场面比较宏大；表演在池哥昼傩舞入户驱邪表演的间歇时穿插进行，表演的地点一般在村寨外选择一块空旷的场地。整场表演由池哥昼傩舞在前面带领，民众紧跟其后，在打击乐伴奏下沿着田埂跑动，时而直线跑，时而曲线跑，时而转圆圈，跑动的方向不停地变化，在跑动的过程中又穿插上民众的集体火圈舞，通过场景的不断变换，意在追述白马藏族祖先艰苦战斗、不断迁徙的历史场面，由于民众的参与所以集体性较强。

1. 拐疙瘩人物及道具

拐疙瘩人物及道具同池哥昼。

2. 拐疙瘩动作特征

池哥、池母和知玛就按照池哥昼的套路动作表演，民众舞步以自由走步为主。

（八）嘛够池

嘛够池是池哥昼祭祀仪式中有情景的傩舞，由池哥昼傩舞表演中的四位池哥和民众一起共同表演。表演时一般要先把参与的民众分为人数相当的两队，两队代表交战的双方。每队再确定一位首领，再加上两位池哥组成；表演时要结合祭祀的过程进行，主要包括两个部分。第一部分先在山上也就是祭祀地，山上被作为祭祀、练兵的场地，祭祀地先要举行祭祀仪式，然后两军在山上练兵、交锋；第二部分在山下选择寨中开阔地，在山上练兵结束后两军一路狂奔着下山进入山寨。山下作为模拟白马藏族战争场景的场地，在寨中继续模拟两军交战厮杀的场景。整场表演的过程、动作较为固定，队形变换多样，主要表现正反两军多次相遇、打斗厮杀的战争场景，意为追溯白马先民征战历史，历经战乱的沧桑（图3-33、图3-34）。

图3-33　山上（祭祀地）表演：模拟两军练兵、交锋

图3-34 山下（寨中开阔地）表演：模拟两军交战厮杀

1. 嘛够池人物及道具

嘛够池人物及道具与池哥昼相同。

2. 嘛够池动作特征

嘛够池表演多以行进中跑步、跳步为主，随意自由发挥，两军交战场面的舞步较为固定，有下蹲、跨步、甩刀等模仿交战的动作。

（九）甘昼

甘昼属于傩舞二人舞或四人舞。一般在麻昼表演的间歇时由二位（或四位）男性，戴上池哥昼的面具，穿白色的上衣，配上黑色马甲，腰间系上红色腰带，两手都握着牛尾，也是在打击乐伴奏下表演；动作干练，幅度夸张有力度；舞步规范有套路；表现出白马藏族的力量与强悍。

1. **甘昼人物、服装与道具**

由四位男性装扮，戴池哥昼面具，穿白色上衣黑马甲，双手拿牛尾，打击乐伴奏。

2. 甘昼动作特征

甘昼的主要动作有平移步、进步、退步、交叉步、单双脚起跳，双腿屈膝半蹲、吸腿、转身、双手胸前交叉、双手胸前平行打开、双手向右肩或头部两侧甩牛尾。表演队形变换丰富，动作节奏明快，力度感强烈。

二、火圈舞

火圈舞是白马藏族最普遍的集体舞蹈，当地人把火圈舞也称为跳火圈，是一项全寨总动员的集体活动，在当地它已经超越了手舞足蹈的娱乐与表演，是一种必不可少的村寨文化活动，是集民族特色、健身、娱乐为一体的民俗传统体育活动。

（一）火圈舞的传说

相传在很久以前，白马先民遭到了官兵的追杀，他们被迫走上了迁徙之路。在艰难的迁徙途中又被追杀的官兵团团围住，困在山上，白马先民奋勇抵抗，打退了官兵一次又一次的围攻。腊月初八的那一天，他们人困马乏、疲惫不堪，不得已只能暂时在山岭上歇息。腊月里寒风习习，气候异常寒冷，他们点燃了篝火御寒，在火的陪伴下他们逐渐地进入熟睡中，不知不觉中进入了梦乡，不知不觉中也到了夜半之时。突然，一声鸡鸣声惊醒了酣睡中的白马战士，原来是追杀的官兵趁着白马战士正在熟睡发起了突然袭击，就在这民族生死存亡的危急时刻，一只白色雄鸡在夜空中拍翅而鸣使他们躲过了一次民族劫难。为感谢白公鸡的救命之恩，从此白马藏族就有了在毡帽上插上白公鸡的羽毛戴沙嘎帽的习俗。为了纪念摆脱民族大劫难的日子便把跳火圈舞开始的时间确定为腊月初八，腊月初八也成了白马藏族的传统纪念日。白马藏族关于白鸡毛标志、燃篝火而舞的传奇的神话故事，是他们见证民族历史的一个重要的记忆点。

在历史的记忆中白马藏族是一个多灾多难的民族。他们常在山头扎寨为营，点燃篝火，以防御袭击。陇南《文县志》记载：白马藏族性喜斗，刀箭不离身，遇急则结阵以待，喊声震山谷。频繁的战争和艰苦的迁徙，使白马藏族居无定所而且缺乏安全感，因此时常处于高度警惕防御的状态中，所以刀箭从不离身。每当他们狩猎、与外村发生冲突或去征战时，总要携带刀和箭，出发前鸣炮三声，全村人齐声喊叫"噢喂"（白马语中称"够扎"），表示对天发誓、齐心协力、同仇敌忾。他们发出"噢喂"的呐喊，在战争中还可以壮军威、鼓舞士气。

白马先民为了消除疲劳，鼓舞士气，常常以歌舞自娱自乐，火圈舞便是他们经常唱起来舞起来的集体舞。火象征城池或白马山寨，代表的是自己的家园；舞蹈时拉手围着火成圆圈，表示保护城池保卫家园的决心和信心。

（二）火圈舞是白马藏族宗教祭祀的需要

白马藏族对于自然的崇拜和图腾的崇拜是他们从对于先祖的敬仰与崇拜里继承至今的传统宗教与文化。重大的祭祀活动中，他们传统的祭祀方式就是跳傩，池歌昼、麻昼、麻够池等傩祭祀便是他们从远古时期代代传承下来的宗教文化的遗存。在祭祀仪式举行的过程中，全村寨人都要聚集在一起唱跳起火圈舞，这是一个必不可少的集体娱乐活动，也是凝聚民族意志的集体活动。

白马藏族各种宗教活动中规模最大、最隆重的具有传统色彩的一种就是跳池哥昼祭祀活动，活动的议程是按照祭祀的仪式确定的，包含请神、跳池哥昼、入户驱邪、跳火圈舞、送神、跳火圈舞六个环节。我们可以看到议程中六个环节中有两个就是跳火圈舞。

1. 请神

按照传统祭祀习惯，上午表演傩舞池哥昼的成员需要在固定的祭祀时间和固定地方更换服饰穿上专门的服装，拿上道具；然后举行起舞仪式，随着三眼铳发出三声巨响，寨内锣鼓乐声齐鸣，开始进行请神仪式。

2. 跳池哥昼

请神仪式结束后，池哥昼表演队在村寨空旷的固定的场地跳池哥昼。池哥带领池母和知玛，在锣、鼓、钹、镲等打击乐的伴奏下按照固定的动作套路表演，这时候村民们都聚集在一起围观。

3. 入户驱邪

第二个环节结束后便进入入户驱邪环节。挨家挨户入户表演，目的是为每一户村民驱邪纳吉；这时，池哥昼表演队伍是一边跳着池哥昼傩舞进入每一户村民家中，围观的村民们也会一路跟随；每到一户人家池哥昼先要在院子里表演，然后进入到主家的正屋进行驱邪仪式；然后，跟随的村民在院子里唱跳起欢乐的白马歌舞，队伍浩浩荡荡热闹非凡（图3-35、图3-36）。

图3-35　入户驱邪：池哥表演

图3-36　入户驱邪：池母表演

4. 跳火圈舞

入户驱邪跳过一半后和整个村寨男女老幼、四面八方的亲朋好友聚集一起唱跳火圈舞。然后，又继续入户驱邪。

5. 送神

待入户驱邪全部结束，一般已经接近黄昏，这时进行送神仪式，随着三声三眼铳巨响，送神的仪式就结束了。

6. 跳火圈舞

待送神的仪式结束，全村人又欢聚一起跳火圈舞，没有任何关于性别、尊卑上的限制，载歌载舞、自娱其乐。他们祈求神灵的保护，并且希望能够在此过着平等、自由、幸福的生活。虽然池哥昼表演的人数不多，但是在举行祭祀仪式的过程中就有两次跳火圈舞。

白马藏族还有正月十五点燃火把迎五谷神的习俗，迎来五谷神期望保佑来年五谷丰登，俗称迎火把。用迎来的火把点燃篝火，大家一起手挽手，围着火堆转圈跳起火圈舞，通宵达旦。

（三）火圈舞表演的基本形态

1. 凑柴

白马藏族每年的腊月初八开始跳火圈舞。每当夜幕即将降临的时候，便开始凑柴。因为晚上要点燃篝火跳火圈舞，需要的柴火是一家一家收集起来的，所以称为凑柴。小伙子姑娘们敲锣打鼓，一路唱着凑柴歌，要到每一户村民家去凑柴，村民们是非常乐意的。当大家把凑来的柴全部堆放在空旷的场子中央的时候，繁星点点夜幕已经降临了，全村的人，无论是男女老少都自发地聚集在了一起。这时，篝火点燃了，熊熊火焰燃烧着，村民们围着篝火一起跳起火圈舞。没有贫富贵贱，大家一齐手拉手连成一个大圆圈，肩并着肩紧紧地倚靠在一起；火在中央燃烧，照亮了天空，映红了人们的脸庞；大家围着篝火不停地跳，不停地唱。

2. 集体舞蹈

每年春节每天都要跳火圈舞，而且一直伴随着村寨的祭祀活动，从腊月初八开始会持续到正月十七，历时整整40天。火圈舞主要是白马藏族的集体性民族歌舞，男女老少均可参与，人数多少没有限制，队伍人数众多，但是动作布局整齐，节奏统一。跳火圈舞营造的是和谐欢乐的气氛，使得大家完全融入欢快的集体舞蹈之中。

火圈舞鲜明地表达了白马藏族的集体快乐的特点。火圈舞用独特的形式将火与舞完美地结合，歌为火亢奋，火为歌增辉，篝火越旺，气氛越热烈，舞者越多，场面越壮观。

3. 拉手成圈

火圈舞的基本表演形式就是围绕着被点燃的火堆手拉手围成一个圆圈载歌载舞。一会儿逆时针的方向旋转着跳，一会儿又绕圆圈跳，一会儿又蛇形跑动着跳，步调一致，如行云流水；火圈舞所表现出来的基本构型与图式就是一个绕行不绝的圆，也正是这些构型营造出民俗化、团结和活泼的气氛。火圈舞不仅是一种独特的具有很强的艺术性的身体运动，还是白马村寨传统文化的精神支撑（图3-37~图3-39）。

图3-37　手拉手围着篝火快速跳圆圈

图3-38　队形变换：蛇形跑由外向内

图3-39 队形变换：蛇形跑由内向外

4. 徒步歌舞

火圈舞表演没有乐器伴奏，自始至终都是徒步歌舞，动作和速率较为平缓舒展，运动量适中，不同年龄阶段的人都适合参与。火圈舞的舞步既丰富又简单，每种舞步都有固定的演唱曲调及对唱形式。开始时演唱曲调、舞步动作平缓，跳圆圈到结束时速率逐渐加快、曲线变换队形一气呵成，较为连贯。常见舞步有横移步、前后交叉步、身体前俯后仰、跺脚、踢腿等。多以边跳边唱，顺、逆时针围篝火转圈形式变换队形进行。

火圈舞具有很强的民族凝聚功能，现已演变成民俗歌舞，属于自娱型集体歌舞。最有特色的是跳火圈，传说在白马藏族的征战时代，就是用这种舞蹈鼓舞了士气，击败了入侵者。白马语称跳火圈为盖车舞或越城舞，一般参与者多为男子。表演时，人们手拉手围着熊熊燃烧的篝火快速跳圆圈，比试参与者的力量和勇猛。

至今，火圈舞仍然是白马藏族人民热爱的集体健身娱乐活动，每逢节庆或集会白马藏族都会组织跳唱，民众便会自发地聚集在一起，场面宏大、热烈，集健身、娱乐为一体。

第二节 白马藏族竞技对抗类体育文化资源

白马藏族竞技对抗体育是一种以竞赛体力、技巧、技能为内容的健身活动，主要项目可以归纳为两类，即决胜类和角力类体育项目。

一、决胜类

（一）赛马

白马藏族的祖先也属于马背上的民族，他们善于骑马。赛马属于我国传统体育项目，也是白马藏族传统体育活动的竞技项目。以前的赛马活动极为流行，比赛形式有平地赛马、障碍赛马、越野赛马等不同形式的赛马项目。在经过长期的演变后，文县白马藏族赛马竞技活动逐渐演变为跑马活动，此活动一般在节庆时进行。既比骑手服装打扮、马匹、马鞍、笼头、铜铃、脚镫装备好坏，又比骑手本身的驾驭技巧和技能。比赛形式又演变发展为骑马绕场地跑、骑马沿大路跑、骑马在山坡上跑、骑马跨栏跑、骑马跨树干跑等。跑马长度在1000~2000米之间，以时间来计算名次，这种比赛类似现代马术竞技运动。赛马后来慢慢退化，现在已经消失很久了。

（二）射箭

射箭属于白马藏族传统的军事体育竞技项目。据白马老人回忆说："骑马射箭是我们的民族特征，白马藏族骑马射箭技艺高超。"过去白马藏人射箭一般分步射和骑射两类。骑射从起点至终点百米之内马跑一趟连发三箭，以射中墙上红心者为胜。其中，步射除了射固定目标以外，还射飞禽走兽，以射中动物眼、肝脏等要害部位者为胜。现时射箭比赛，已演变为射环靶、射气球等。

71

（三）比武

比武属于白马藏族传统的军事体育竞技项目。比武为双人或多人操练，多以刀、剑、长矛为武器，以击中或打倒对方者为胜，也有单人持刀、剑训练，以显示武力的强弱。

（四）举重

举重也属于白马藏族传统的军事体育竞技活动，他们的举重比赛，多用木墩、树桩、石磙等物体锻炼臂力。采用双手或单手提起，举过头顶或连举数下，或绕场走动数圈进行比赛。按照举的重量、高度或时间长短，是否活动自如决胜。

二、角力类

（一）拔河

拔河是我国传统体育运动项目之一，比赛中对抗双方分别在绳的两端握住绳并用力将对方拉到自己一侧进行力量较量。拔河起源于春秋战国时期的楚国，由于楚国的水军在战争中运用的一种"钩拒"的兵器打败了敌军，因而利用此兵器进行相互对拉的游戏活动来训练士兵，只是当时不叫拔河，而称为"钩强"或"牵钩"，后来逐渐演变为荆楚一带民间流行的"施钩之戏"。到了唐朝此项运动盛行，也被命名为拔河。

白马藏族特别喜爱拔河运动，他们俗称牛拉纤、狗扯锁等，白马语叫"扯保打沙"，汉语是拔河之意。拔河是白马藏族农闲时非常喜爱的一项娱乐健身活动。白马藏族拔河的形式多样，一般有两人拔河与多人拔河，两人拔河又分为大象拔河、颈力比赛、腰力比赛和手力比赛等形式。

1. 大象拔河

（1）场地与器材

空旷的一块平地即可，场地中间先画一条竖线为分界中线，然后在中线两端垂直画两条直线作为边界线——河界；器材为一条大约4米的红布带，两端打一个圆环的结，中间系一红布条作为标志。

（2）方法

两人相互对抗，两人相距约4米背对背站立将红布带套在脖子上，然后将赛绳经过胸腹部从胯下穿过，然后俯身双手撑地趴下，把赛绳拉直，绳子中间的红布标志垂直于中界，这时比赛即将开始。比赛开始后，双方手脚并用用力向前爬（动作似大象，白马藏族崇尚大象吉祥和力大无比，故名大象拔河），用腿腰肩颈全身的力量向前拖动布带，以将红布标志拉过河界者为胜。三局两胜决定胜负。

2. 颈力比赛

（1）场地与器材

空旷的一块平地即可，一条长约2米两端打结的红布绳，中间系一布带作为标志。

（2）方法

两人一组对抗比赛，分别有两种不同的比赛形式。第一种形式为参赛的两人面对面坐在场地上，把打结的红布绳环套在颈部，双脚相抵保持平衡准备比赛。裁判一声令下，双方通过两脚用力蹬地，身体后倒，脖颈用力，想方设法把对方拉向自己一侧。如果哪一方臀部离地或绳环中心线标志偏向对方，即视为游戏失败，比赛结束。第二种形式与大象拔河相似，双方面对面站立进行竞技。两人分别把打结的绳环套在脖子上，然后脚蹬地，腿部腰部同时发力，最后通过颈部力量用力往后拖拉对手，谁先把赛绳中间的标志拉过河界即获胜。比赛时任何一方都不能用手抓赛绳，否则为犯规即刻判输。

3. 腰力比赛

（1）场地与器材

比赛需要一块空旷的平地，中央先画一条中界长约2米，在中界两端画两条线为河界。准备一条长3～4米两端打环套结的红布绳，赛绳中间系上标记。

（2）方法

两人一组对抗比赛，比赛前双方面对面或背对背站立，把绳环套在自己的腰部并将绳子拉直，赛绳的标记垂直于中界线。比赛开始后，双方两脚用力蹬地用腰部力量向朝向自己的一方用力拉，直到将标记拉过河界即为胜。面对面比赛时，不能用手抓赛绳；而背对背比赛时，可以用手抓绳环助力拉对方。

4. 手力比赛

（1）场地与器材

比赛需要一块空旷的平地，中央先画一条中界长约2米，在中界两端画两条线为河界。准备长10米的拔河赛绳一根。

（2）方法

指用手抓住赛绳进行力量对抗的拔河比赛，可分为个人和集体项目（图3-40）。个人比赛时，两人对拉，胜负较易决定。集体比赛有男对男、女对女和男女混合等多种形式，集体项目两队必须人数相等，男女人数也相等，比赛时双方往往相持不下难分胜负，在指挥员和啦啦队的助威声中比赛场面极为热闹精彩。

图3-40 多人拔河

（二）顶杠子

顶杠子白马语称"塞破则"，是白马藏族的传统体育项目之一，每逢喜庆的节日和重大的民族盛会都要举行顶杠子比赛活动。

（1）场地与器材

空旷场地一块，比赛场地为大约边长12米的正方形或长方形，场地中间画一条中线，准备一根比酒碗稍细（直径3~4厘米）的3米长的木杠子。

（3）方法

参赛者一般为八人，分为两人一组四队进行比赛。比赛开始前，双方进入场地，站在中线两端，将木杠子两端分别抵在各自的肩部，然后双手紧紧握住杠端；裁判哨声一响，各自用力，脚蹬地，身体前倾，全身用力向前顶杠子，将对方顶过分界线，就为胜者。第二局交换场地，可以换肩顶杠继续比赛；如果两局仍不能决出胜负，则进行第三局比赛，双方要交换场地，然后将杠端顶在各自的腰部或者腹部进行对抗。全场比赛均为三局两胜制（图3-41）。

图3-41　顶杠子

(三）摔跤子

白马语称摔跤子为"卡则"，是白马小伙子非常喜爱的一项体育运动，有着浓厚的民族特色。白马藏族人的摔跤比较随性，只要性起随时可以游戏比赛；摔跤子比赛中要机智、勇敢、果断，围观的群众一片呐喊加油声，场面气氛热烈，充满青春的活力。主要有抱腰摔、手抓肩摔等，以将对方抱起来旋转或摔倒在地为胜，摔跤能够锻炼白马人的力量、协调性和灵敏度。

（1）场地与器材

较为平整的空地一块即可。

（2）方法

摔跤子方式原始，过程简单，服装宽大，系腰带。比赛前两人面对面各自用右手抓住对方的腰带，两脚开立站稳，两膝微屈，下蹲，上体前倾，两臂与对方两臂交叉顺肩至腰相互抱住，双方即开始交锋；不限制时间，不许抱腿和腿跪在地上摔对方，仅依靠腰、背、臂力，提起对方旋转将对方摔倒在地为胜。禁止用脚钩、脚踢、脚绊和手攻。白马藏族的摔跤子纯属斗力（图3-42~图3-44）。

图3-42 摔跤子

图3-43 摔跤子

图3-44 摔跤子

（四）扭要子

扭要子是白马藏族在劳动中或劳动之余的娱乐活动，主要竞技力量和技巧。扭要子白马语叫"柔木泽""优莫捉""优母着"等（不同村寨叫法存在

77

差异）。"要子"是用有韧性的树木拧转成的一种用于捆绑的"绳子"，白马人通常用来捆柴火。春节期间白马人便将它加以改造，用来组织扭要子比赛。比赛时用木杠子代替原来的柔性树木，比赛双方各执一端，双手紧握木杠，向彼此相反的方向拧动，被拧动的一方为输，这个项目可以锻炼人的手劲和臂力。

（1）场地与器材

较为平整的空地一块即可，选用一根长1.5~2.0米，直径为3~5厘米的木棒。

（2）方法

两人竞技，双方面对面站立在木棒的两端，两手握住木棒一端，比赛开始后，双方同时向相反的方向扭转，一手向内一手向外反方向用力扭转，手腕、上肢、腰部、下肢都要协调用力，在规定的时间内扭转的角度大的一方获胜。轮流竞技，其他人周围观看，呐喊助威，场面激烈、热闹非凡（图3-45）。

图3-45　扭要子

第三节 白马藏族嬉戏娱乐类体育文化资源

古时的白马藏族人民饱受战争的疾苦，不断迁徙，最后他们为了躲避战乱，不得已选择了高山高寒地带生存，白马藏族人民在艰苦的生存环境中顽强地生活，他们过着日出而作，日落而息的农耕生活。生活的单调乏味，清贫困苦并没有消磨他们的意志，反而使他们更加热爱生活，乐观积极。他们用歌声、舞蹈排解心中的苦闷，他们还利用闲暇时间进行游戏娱乐，调节单调贫苦的生活。白马藏族离不开歌，干什么都唱歌，到处都洋溢着歌声。有敬酒歌、劳动歌、生活歌等。

根据调查，白马藏族健身娱乐的内容十分丰富，主要项目包括体育游戏和生活歌舞。以嬉戏娱乐为表现形式的白马藏族传统体育项目是一种以闲暇消遣、健身娱乐为主要目的身体活动。

白马藏族体育游戏项目主要有打秋千、打毽子、打毛蛋、滚铁环、打沙包、抓子、斗鸡、老鹰抓小鸡、丢手绢、传鞋子等。这些体育游戏活动娱乐性强、器材简便容易自制，不受场地和时间的限制，深受青少年的喜爱，将这些体育课程资源进行开发融入学校体育很有价值和意义。

生活歌舞主要有打墙歌舞、背粪歌舞、敬酒歌舞等。白马藏族人民处于大山深处，辛勤劳作，自给自足，他们在劳动、生活中创造了打墙歌舞、背粪歌舞、敬酒歌舞，自娱自乐，不但可以调节情绪，还可以进行身体实践活动，达到愉悦身心的双重效果，其中的舞蹈元素别具特色，可以提取、改编成健身操推广。

一、体育游戏

体育游戏是以身体练习为基本手段，以游戏的形式表现，有规则和制度约束，以不断增强体质、愉悦身心和陶冶情操为目的体育活动。白马藏族特别热爱体育娱乐活动，在节庆期间都要专门组织体育游戏活动，如打秋千就是每个白马村寨每年节庆专门组织的健身娱乐活动，在日常生活中还有很多喜闻乐见的游戏活动，给白马藏族人民带来了无穷无尽的欢乐。

（一）打秋千

1. 游戏准备

打秋千，白马语叫"啊乌答""啊外答"等（不同村寨叫法存在差异），是白马藏族在春节期间开展的一项娱乐健身活动，一般腊月初八开始搭架，正月十八拆架。白马人的秋千架是由5根5~7米的圆木搭成，一根木头做横梁，其他四根木头两两捆扎，以鞍马形状相对立起（着地的一头需要埋在地下），中间相距2~3米，横梁上套上两个韧性好的藤制圈子，在圈上系上打秋千的绳子，在两绳之间绑上一个长约80厘米，宽约30厘米的木板，木板距离地面1尺左右，秋千就绑好了。秋千落成后，全村寨的男女老少首先要在秋千架下唱歌，祈祷平安吉祥。其次，由搭建人试打秋千以检验是否牢固可用。接着，请德高望重的人打秋千，然后才开始自由打秋千。白马人打秋千分单人打、双人打，有双站式、一坐一站式等。他们边唱边打，身随歌动，歌随身起，好不潇洒飘逸。打秋千，白马语称阿哇。我国民间打秋千历史悠久，流传广远，但陇南文县白马藏族打秋千别具一格。每年腊月初八清晨，白马藏族便开始栽秋千桩，高度3米多。秋千栽好后，还要举行仪式。全寨男女老少会聚在秋千周围，在秋千下烧三炷香和一些纸，意在祈求神灵保佑，吉祥平安。然后，选一对漂亮青年男女试荡秋千，方为吉利。据说，搭秋千的时候还要凑面擀面大家一起吃面，叫吃百家饭（图3-46）。

图3-46 秋千

2. 游戏方法

白马藏族打秋千形式多样，男女老幼都适合打秋千，有单人荡、双人荡或男女混合荡，还有将小孩夹在两腿间一起打。边荡秋千边歌唱，秋千悠悠，歌声飞扬，情趣盎然。白马藏族冬天整整要荡一个多月秋千，一直要荡到正月十六、十七才倒桩（图3-47~图3-51）。

图3-47 单人荡秋千

图3-48 男女双人荡秋千

图3-49 女子双人荡秋千

图3-50 男子双人荡秋千

图3-51 儿童双人荡秋千

3. 游戏规则

白马人的打秋千还有不同的竞赛项目，主要比竞赛者的姿势、动作花样以及打秋千的高度和次数。

（二）打毽子

打毽子白马语叫"搭底板"。打毽子具有参与面广、场面热闹、易于开展等特点。白马藏族玩毽子有其独特之处，不用脚踢，也不用膝顶，而是用手拍击；玩的方法也完全不同于一般的踢毽子，可以单手手掌向上打，也可以双手交替打，还可以双人对抗打比赛。因此不是汉族人的用脚踢毽子，而是用手打，所以叫打毽子。

白马藏族打毽子有两个突出特点：一是群体性强。因为大家轮流参与活动，比赛的选手和围观者的角色又在不断地转换，在场的人几乎都可以加入到活动中来，参加运动的人数多，体现了群众性特征。二是娱乐性强。大家认为比赛的胜负不重要，重在参与，关键在于锻炼了身体，娱乐了大家，放松了心情，能够帮助大家消除劳作的疲劳，因此娱乐性较强，此项运动受到白马藏族民众的钟爱。

1. 游戏准备

用铜钱、鸡毛、布块、细竹管，缝制成五颜六色的鸡毛毽子。一般玩的毽子重15克左右，白马藏族自制的毽子比较重，重约50克。

2. 游戏方法

比赛开始前，先选择一块平地，在场地中央画一个长4～6米，宽2～3米的长方形，作为比赛场地，场地中间再画一条分界线；比赛的形式分为单打、双打两种，具体又可以分为男女单打、男女双打和男女混合双打。比赛正式开始，双方各自隔着中线互相往返击打毽子，毽子越过中线飞行到对方区域，对方再击打回来，如此往返，毽子不得落地；击毽必须过中线，不得击出底线，不得击出边线。

3. 游戏规则

如果击毽不过中线，或者击出底线，或者击出边线，计对方1分；比赛规则通常是三局两胜制或五局三胜制，每局打多少分双方赛前临时商定即可，比较随意，游戏规则灵活多样，场面热闹非凡。比赛结束时输的一方要受到惩罚，很有意思的是负方将头伸过界线，让胜方拔几根头发作为惩罚，胜方也就仅仅象征性的拔掉一根半根头发表示胜利的喜悦。常常负方会故意耍赖逃跑，胜方便会追逐，围观的群众也都加入进来，帮助胜者围追负者。如被抓住，则加倍惩戒多拔头发，直到败者痛的直叫方才罢手，引来大伙儿捧腹大笑，使整个赛场上沸腾起来。然后比赛换人，继续进行，直到大家尽兴游戏才结束。

（三）臭楼沙

臭楼沙，白马语又叫打臭，是白马藏族青少年都喜欢玩的一种体育游戏活动。

1. 游戏准备

需要比较平坦的空地一块，在场地中央挖一个中心坑（白马藏族叫罗锅，即牛圈），再在距中心坑5～6米的四周的地面上挖一些土坑，挖多少个坑按照参加的人数多少确定，每人一个坑。以寄生在松树、杉树上的寄生包为牛（即球）。

2. 游戏方法

游戏者每人手持一根一端带弯拐的木棍，在规定的距离，用木棍轮流将寄生包击入中心坑，表示已经将牛赶入圈中。以击球的棍数多少决定胜负，击球次数少的为胜，反之为负。选择击球次数最多的负方担任赶牛者，其余的人则每人分别防守一个土坑，用木棍阻止赶牛者将牛赶入中心坑，但当打牛者在击牛后，防守的人则需用木棍杵一下自己守的坑表示自己守好了门。否则，如果赶牛者首先杵到任意一个土坑，该土坑的防守者就成为了失去坑者应该换做担任赶牛者。若赶牛者将牛赶入了中心坑，所有参赛者必须随机地任意换坑，在换坑的一瞬间，赶牛者乘机可以任意地抢占任何一个土坑，而失坑者则成为赶牛者，如果赶牛者没有抢到土坑则继续是赶牛者，游戏继续进行。

3. 游戏规则

若两人同时抢到同一个坑，可以猜拳决定胜负。

（四）打毛蛋

1. 游戏准备

打毛蛋是白马藏族儿童最喜好的一种体育游戏活动。毛蛋是用自捻的毛线或羊毛缠绕而成的圆球，直径5~6厘米，器材需要孩子们自制。打法有拍、盘、转、穿裆等，以难度和多少定胜负。

2. 游戏方法

打毛蛋游戏可以两人对打竞赛，也可以分成人数相等的两组对打竞赛。手掌拍打毛蛋，毛蛋在地面上上下弹动，毛蛋弹起后可以先触手背再用手掌向地面拍打，反复拍打进行计数，叫拼头家，谁拼得次数多，谁家为头先打。比赛中有三种打法：一是打双数，用手掌直接拍打毛蛋，以双计数。二是打跨腿。毛蛋落地弹起后，一脚支撑另一腿向上踢腿跨过毛蛋，再用手掌拍打，连续打连续跨。三是打转儿，使劲把毛蛋打向地面，毛蛋向上反弹时，快速转身360°，紧接着用手掌再打毛蛋，连续打连续转身。

3. 游戏规则

比赛之前，双方议定打多少双，打多少跨腿，打多少转儿，先打满者为胜。

（五）滚铁环

1. 游戏准备

滚铁环，旧时在二十世纪六七十年代盛行于全中国的汉族儿童游戏，也是白马藏族儿童特别喜爱的一项体育活动。活动开始前孩子们需要各自准备一个铁环和一个手杆。

2. 游戏方法

游戏者拿一个铁棍或铁丝制作的手杆，手杆一端被曲成"U"字形，滚铁环时用手杆的"U"形处推着一个直径大约60厘米的铁环快速向前跑。有时候还在铁环上套两三个小铁环，铁环滚动时大环和小环便会相互摩擦发出铁器碰撞的声音。铁环需要专门制作，用铁丝先做一个圆圈，然后再做一个长柄的带"U"形铁钩的手杆，人推着这个铁丝圈快速地跑。滚铁环有一定的难度，跑速要和铁环滚动的速度相匹配，否则铁环和手柄会脱离造成失误，或者铁环倒地。所以滚铁环需要一定的技巧。个人活动、集体竞赛均可。有50米或100米竞速、接力等比赛项目。

3. 游戏规则

比赛时铁环不能离开"U"字形的铁棍或铁丝。

（六）打沙包

1. 游戏准备

自制沙包1~2个，一块空地。

2. 游戏方法

将游戏者分为人数相等的两组，一组进攻，另一组防守，进攻方分两组相距8～10米面对面站立，防守方站在中间。游戏开始，进攻方投掷沙包击打防守者，防守者可以采用跳跃、转身等进行躲闪，如果被沙包击中身体的任何部位则出局，直至防守者全部被击中出局，然后互换两组角色进行下一局游戏。

3. 游戏规则

进攻方投掷沙包击打防守者时应避免有意击打头面部。

（七）抓子

1. 游戏准备

每人捡拇指指节大小的石子六颗，人数不限。

2. 游戏方法

两人或三人游戏，先将五颗石子随意撒在地面上，随即将剩余的一颗石子竖直向上抛起，然后迅速地抓起地上的石子，再接住抛起来的石子，第一次抓一颗，第二次抓两颗，第三次抓三颗，三次将五颗全部抓在手心。完成后换另外一人抓。

3. 游戏规则

比赛时看谁抓的子准，如果抓的过程中石子散落算游戏失败。

（八）斗鸡

1. 游戏准备

在一块空地上画一个直径约3米的圆圈。

2. 游戏方法

斗鸡比赛至少两人以上，将游戏者分为两人一组，进入圆圈内，游戏双方单腿站立支撑，另一腿屈膝，向前盘屈，用双手抓住盘屈腿的脚腕，使自己屈起的腿固定住。游戏开始，游戏双方利用支撑的单脚一蹦一跳地移动去撞击、推击对方盘屈腿的膝部。如果其中一方盘屈的那条腿落地即为输方；如果一方被撞出圈外就算脚没落地，也为输方。

3. 游戏规则

只允许对撞对方的膝盖，不得用手和肩膀去推、拉、顶、撞对方，游戏中不得换支撑腿，不能出圈。

（九）老鹰抓小鸡

1. 游戏准备

平坦空地一块。

2. 游戏方法

游戏中有老鹰、母鸡和小鸡三个角色，游戏开始前需要先分配角色，即一人当母鸡，一人当老鹰，其余的当小鸡。老鹰和母鸡面对面站立，小鸡在母鸡身后依次排成一队牵着前面人的后背的衣襟，老鹰站在母鸡对面，做欲捉小鸡姿势。游戏开始前，老鹰与母鸡有一段对话，一问一答，使用的是白马语，汉语的词意如下。

母鸡问：房背后掏坑的是谁？

老鹰答：掏坑的是我呢。

母鸡问：你掏坑干啥家？

老鹰答：烧糟子家。

母鸡问：烧糟子干啥家？

老鹰答：打镰刀家。

母鸡问：打镰刀干啥家？

老鹰答：割竹子家。

母鸡问：割竹子干啥家？

老鹰答：编背篼家。

母鸡问：编背篼干啥家？

老鹰答：扣鸡娃家。

母鸡问：扣鸡娃干啥家？

老鹰答：吃肉家。

母鸡问：肉丢到啊达去了？

老鹰答：猫叼走了。

对话结束后游戏马上开始，老鹰突然奔跑追赶欲捉小鸡，母鸡身后的小鸡吓得惊恐万状，母鸡张开两臂不停的奔跑躲避极力保护身后的自己的孩子，众小鸡则在母鸡身后左躲右闪。老鹰不停地转圈并变换方向发起突然的进攻，奋力奔跑追赶小鸡；老鹰如果拍打到小鸡身体的任何部位，就算老鹰将小鸡抓住了，被抓住的小鸡就要在旁边等待；游戏继续进行，直到抓住所有的小鸡，游戏才算结束。下一局游戏可以重新开始，老鹰和母鸡的角色互换继续进行游戏，也可以让其他人充当老鹰和母鸡。

3. 游戏规则

老鹰不能和母鸡互推、拉、扭、抱。老鹰也不能从母鸡两翅下面钻过，只能从两侧绕过。小鸡要是被老鹰拍到，或在躲闪时脱散，都算被捉，应及时退出游戏。

（十）丢手绢

1. 游戏准备

空地一块，准备一块花手绢或沙包。

2. 游戏方法

儿童特别喜欢的一种民间体育游戏，边唱边玩。孩子们围成一个圈。一位小朋友在外面跑，一边跑一边唱，然后把手绢悄悄地丢在小朋友的背后（也可以丢沙包），趁其不备抓住背后有手绢（沙包）的小朋友，然后，角色互换，或者被抓住的人表演节目。

3. 游戏规则

把手绢悄悄地丢在小朋友的背后，其他人不能给外面跑的小朋友暗示，只要用手拍到就算被抓住。

二、生活歌舞

（一）打墙歌舞

白马藏族人民处于大山深处，辛勤劳作，自给自足，住房也是土木结构的，以木头为框架。传统白马藏族的建筑主要用泥筑，由于房子的墙面较厚要用土夯筑，也就是打墙。白马藏族很团结，所以在修筑房屋时会有很多人来帮忙，慢慢地就产生了打墙歌。随着打墙歌的演变，在打墙的过程中渐渐地把打墙时用力顺序及动作，加以改变编成了舞蹈动作，经过慢慢地演变发展成了成套的动作。由于是打墙动作演变而来的舞蹈，故叫打墙歌舞。

打墙歌舞主要是起源于白马先民在修筑房屋时的筑墙动作。最初是在打墙休息时，娱乐以及放松身心时由打墙人来跳的。现在白马藏族已经慢慢脱离了原始的生活方式，但是为了纪念先人的辛勤劳作，以及迎接新春的诞生，在每年初春时依旧在他们的打谷场跳打墙歌舞。

打墙歌舞主要表达了白马藏族迎来春天，迎来新的希望的美好愿望。大家手拉手在打谷场围成圆圈歌唱，每唱一句大家把手举过肩，待到乐句停顿的时候再把手放下来，最后一句时大家半蹲着唱完，一遍又一遍，反复重复动作。打墙歌舞不但起到了休闲娱乐的作用，由于唱歌舞蹈时运动节奏的加快和呼吸气量的增加可以提高肺活量，再加上舞蹈时肢体要完成各种动作，因此健身的作用也显而易见。

（二）背粪歌舞

根据白马藏族的述说，背粪歌舞是白马藏族人在干农活时进行的舞蹈，白马先人过着与世隔绝的自给自足的生活。在大山深处主要靠原始农耕和打猎为主，而农耕又主要以人和牲畜的粪便为主要肥料，居住在大山深处交通不便，将粪便运到庄稼地里只有依靠人力背运。他们把牛粪从牛圈背到田间地里给庄稼施肥。虽然背着重重的背篓，但他们的嘴里还唱着小曲；他们一边背粪一边唱着背粪小调，行走在崎岖不平的山路，和着唱词手臂上会伴随着一些动作，慢慢地就演变成了系统的动作，也就成为了白马藏族的背粪歌舞。

由于路途遥远在途中休息时，常会有人伴随背粪歌跳起舞来，第一能打发闲暇，第二为歌唱自己的生活，第三也能让自己干活的时候心情舒畅，可见白马藏族人民是勤劳而又快乐的。

（三）敬酒歌舞

白马藏族是一个生活在歌声中的民族。一曲曲古老动听的酒歌，仿佛一幅幅生动的历史民俗画卷，诉说着过往的历史，抒发着饱满的情感。白马藏族生活在气候阴冷潮湿的高寒林区，他们一年四季都要喝酒驱寒，天长日久，养成了家家酿酒、人人都喝酒的传统习惯，他们自制的五色粮食酒，味道甘醇。白马藏族非常热情好客，来客必敬酒，敬酒必唱歌，唱歌必跳舞。

白马藏族的敬酒歌有严格的尊卑之分，演唱形式多为独唱、对唱、齐唱并伴随舞蹈。敬酒歌和伴随的舞蹈一般是在与至亲、客人等相聚场合所唱跳，依照白马藏族喝酒的场合、目的和内容等不同，白马藏族的敬酒歌舞从其演唱内容与形式也不同，一般可分为三种。

第一种是给长辈和尊敬的客人敬酒，白马藏族称为"朝呆"，敬酒时晚辈必须双膝下跪端酒给长辈，并且给长辈唱祝福歌，长辈要站起来且将酒一饮而尽，晚辈才能站起来。一般是一人领唱多人合唱，唱至第二声、第三声时要跪唱，这是白马藏族对长辈和客人敬酒的最高礼节，唱词歌调也特别讲究。当晚辈双手将酒杯举过头顶时，长辈要站起来，给晚辈说祝福词，再托起跪地的晚辈，最后将酒一饮而尽。若是长辈不喝完杯中的酒，晚辈们就长跪不起，直至将酒饮完。

第二种是给年龄相仿或者辈分相同的人或客人敬酒，白马藏族称为"朝喜"。亲戚、客人之间相互敬酒，多以歌舞问答形式演唱，答错做错或者做不出来相应的动作的应将酒一饮而尽。

第三种是给当地祭祀池哥或者池母敬酒，这类敬酒歌舞大都有固定的曲调和舞蹈形式，曲调和动作严谨，有固定的方式，不能随意篡改。

白马藏族人无论劳动、年节、嫁娶、生活、喜庆等无事不歌，亲朋相聚、迎客送友婚礼宴庆等场合必饮美酒，酒杯高举、酒歌声起，以助酒兴。寒冬腊月，大雪纷飞更是不分昼夜地拥火而坐，边喝边唱。喝醉了，倒在火塘旁，睡醒了又加入喝酒唱歌的队伍。

唱酒歌时，白马人颇有规矩，通常是成年人按年龄长幼入座。按歌曲排列顺序，每首歌由男性长者起唱，然后男声加入至二句女声加入。男声粗犷、浑厚、雄壮；女声清脆、嘹亮。

白马藏族酒歌的歌词内容极其丰富。远至吟唱古代苦难的民族史、残酷的战争、民族的迁徙，颂扬祖先拓荒繁衍的丰功伟绩，歌颂民族英雄，诉说对神灵的崇敬虔诚；近则歌唱欢庆团聚、五谷丰登、男女情爱，赞美白马山川。随着时间的推移，社会的发展，酒歌歌唱的内容也发生了很大的改变。以前的酒歌是一套一套的，从古代唱到今天、从高山唱到大海、从太阳唱到月亮、从森林唱到小草，世间万物，历史未来都在歌声中。下面是白马藏族日常最常唱的敬酒歌歌词：

①白马藏族对老人和客人唱的敬酒歌，词义为：

> 您是我们"达嘎贝"的"笑依"，
> 您是我们晚辈的依托，
> 虽然苍老却意志坚强，
> 就像苍柏不畏严寒；
> 一生辛劳，无怨无悔，
> 创建家业，劳苦功高；
> 双手高举祝福的酒，
> 祝您健康，祝您长寿。

②白马藏族给亲朋宾客最普遍的敬酒，词义为：

> 朋友迎着太阳来，
> 我们快把寨门开；
> 翻山越岭路难行，
> 敬杯蜜酒表深情；
> 朋友迎着星星来，
> 我们快把寨门开；
> 生起塘火热上酒，
> 敬酒三碗热乎乎。

第四章　民族传统体育文化的价值

传统体育作为民众日常生活中的一种活动，与民间舞蹈、民间戏曲、民间音乐、民间宗教、民间文学等交织在一起，是各族人民世代相承的传统文化表现形式和文化空间，是维系民族生存发展的动力和源泉。[1]传统体育作为人类历史"活化石"，对人类文化发展研究有着重要的参考作用。[2]

我国民族传统体育历史悠久，内容丰富，形式多样，具有民族性、传统性、群众性、竞技性、娱乐性等重要特征，是大众喜闻乐见的体育活动形式。民族传统体育是中华民族宝贵的历史文化遗产，它所蕴含的精神文化丰富多样。我国近年来越来越重视民族传统体育的发展，其对于整个民族的发展具有重要意义。我国民族传统体育自身具有多方面价值，对于中华民族的伟大复兴具有推动作用。当前，中国特色社会主义进入了新时代，新时代的中华文化愈发处在世界文化更深层次的交融碰撞之中，要使中华文化在本民族的文化主体地位不受威胁，必须重视中华优秀传统文化的传承，并推动其自身的变革、创新和发展，挖掘包括白马藏族体育文化的中华优秀传统文化的当代价值。

第一节　民族传统体育提升文化自信的价值

文化是一个国家和民族的灵魂，文化自信是一个国家发展中更基本、更深沉、更持久的力量。没有高度的文化自信，就没有文化的繁荣兴盛，更没有中华民族的伟大复兴。中华民族传统体育文化是各民族人民在适应自然、改造自然的生产劳动实践活动中创造和不断积累起来的特殊文化活动。其中包含着人的世界观、人生观、价值观和民族宗教信仰以及所有的民俗民风的载体文化，

---

[1] 白晋湘，万义，龙佩林. 探寻传统体育文化之根传承现代体育文明之魂——非物质文化遗产视角下民族传统体育研究述评[J]. 北京体育大学学报，2017（1）：119-128.

[2] 庞辉. 新疆少数民族传统体育发展研究[D]. 北京：北京体育大学，2007.

蕴含丰富的历史文化信息。是各个民族身体运动技术的展现，是身体运动艺术的展现，是身体运动技术与艺术的完美融合，是中华民族传统文化不可缺少的重要组成部分。

如今，我国进入到了伟大的新时代，高度的文化自信更是推动中华民族实现伟大复兴的不竭动力。民族传统体育文化就如同中华民族文化发展中的"钙"，可以壮其骨，固其本，展现出永久的魅力和时代风采，不断推动中华民族文化繁荣兴盛。一个民族的强盛是以文化为支撑的，文化兴则国运兴，文化强则民族强。因此，中华民族的强盛，必然要文化的强盛。文化强盛的基础是文化的高度自信，坚定文化自信，必须充分发挥民族传统体育文化应有的价值和作用。民族传统体育在新时代依然要走好长征路，它是中华民族坚定文化自信的内在驱动力。

一、民族传统体育精神是民族文化自信的源泉

任何一个民族在生存和发展的过程中都会经历来自自然界和人类社会的各种挑战和考验，中华民族就是在不断地战胜各种风险和挑战，经受住了各种严峻考验得以生存、发展的伟大的民族。中华民族传统体育就是在复杂严峻的生态环境中产生和发展的，并且成为中国体育的主流。

鸦片战争后，在西学东渐的大背景下，现代体育以势不可挡之态势传入中国，并迅速发展起来，严重阻碍了中国传统体育的发展。西洋文化对中国传统文化造成了巨大的冲击力，迫使中国传统文化开始转型，从而动摇了中国传统文化在社会生活中的主导地位。从此，西洋体育几乎垄断了中国体育的各个领域，中国民族传统体育的发展失去了土壤，丢掉了地盘，沦落为民间自生自灭的"杂耍"，很多项目面临失传，濒临灭绝的境地。

但是对于民族传统体育而言，它已经成为了根植于人民血脉中的文化习惯，它仍然以独有的表现形式，融合在各种民俗活动之中，以非官方、非正式的存在。它的传承虽然没有文字的记载，也没有正式专门的教授，而是以其特有的口传身授或师徒传授的方式一代一代地延续着，也正是这样族群内部特有的传承方式使得各民族传统体育打上了深深的民族烙印，也因此具有了各民族特定的文化符号，这些符号中包含着特定民族的人生观和价值观，成为民族精神的纽带，凝结着民族的精神，它是一个民族共同的历史象征，是支撑该民族生存发展的民族文化自信，这就是该民族特有的身体文化的民族特征的原因所在。

因此，中华民族传统体育就是56个民族特有的身体文化聚合在一起，凝

聚成你中有我、我中有你的中华民族的精神纽带，显示出伟大的中华民族特殊的、强大的民族底气，是我们走向世界的文化自信。

二、坚守民族体育文化是体育文化多元化不可或缺的前提

中国传统体育文化是几千年来积淀下来的代代相传的精神财富，内容十分丰富，涵盖了自然科学和社会科学的各个门类以及人们的理念、信仰、风俗等等，具有"天人合一""内外兼修"等古代朴素哲学思想的特点，体现了"和而不同""和为贵"的人文价值，这是中国文化积淀的文化精髓所在。世界上的各种文化和民族之间应和谐而又不千篇一律，彼此不同而又不相互冲突，和谐以便于共生共长，不同以利于相辅相成。中华民族传统体育作为一种身体文化，通过特殊的肢体运动和表现形式体现了各民族的思想情感和意识。它在帮助塑造人的健康的形体，培养健全的人格，锤炼顽强的意志品质方面发挥着西方体育无法替代的作用和价值，它作为人类文化的一种特殊的文化现象，彰显了身体技艺的永恒性。

一方面，民族传统体育起源于农耕、游牧和战争等，运动形式多种多样，囊括了所有的走、跑、跳、投、攀、爬、骑、射、游、渡、滑各种运动形式，它的体育价值体现在促进人体的敏捷性、协调性和灵活性，帮助中华民族战胜了各种困难和生存的挑战而不断的进化才顽强地生存下来，中国的民族传统体育文化已经对世界文化的发展产生了重大的影响，并且已经成为世界文化的一部分。如太极拳，虚实相宜，阴阳互生，行云流水，又似高山苍劲，实乃既修身又养性，欧洲已经把太极拳列入运动处方。太极拳被誉为"21世纪人类最佳的健身运动方式"，在全世界150多个国家和地区传播，练习人数达3亿人。2020年12月在牙买加的首都金斯敦召开的联合国教科文组织保护非物质文化遗产政府间委员会宣布，将太极拳列入人类非物质文化遗产代表名录。另一方面，中华民族传统体育所秉承的"和为贵"理念，在过去自给自足的小农经济时期适用，在经济发展迅速又充满竞争的今天仍然适用，在未来的"以和邦国""天下大同""天下为公"的人类命运共同体构建中依然适用。

这个世界，各国相互依存，你中有我，我中有你，只有同心维护和平，着力推进合作，勇于变革创新，世界各国之间建立和而不同、和睦相处、平等互利的友好关系才能共同发展，中国文化的坚持是世界历史发展的必然要求。因此，中国民族传统体育是让世界体育锦上添花，它与西方体育是平等的关系，而不是附属的关系，它是人类命运共同体中不可或缺的体育文化的重要组成部分。

作为中华优秀传统文化组成部分的白马藏族传统体育文化，是经过长时间传承积淀和发展完善的基础上形成的，能体现民族文化特色和时代价值，在现代社会仍然能够展现出巨大的生命力。对白马藏族传统体育文化的功能与价值进行挖掘，可以为中华民族优秀传统体育文化的保护、传承和发展做出贡献。

第二节 民族传统体育文化的教育价值

民族传统体育是我国各民族传统文化的遗产，当前高校是传播和发扬科学文化的基地，民族传统体育在高校的传承与发展，可以说是机遇与挑战并存。民族传统体育文化蕴含的体育元素内容丰富、形式多样灵活、简单易行，具有独特的健身功能和厚重的精神内涵。根据学校体育教学目标，把民族传统体育引入高校体育课程体系中，不仅能丰富高校体育教学的内容，促进高校体育教学改革，充分发挥学校体育健身与育人的功能，传承和发展民族体育文化，又能增强大学生的民族认同，培养大学生的文化自信心，对新时代下推动社会主义文化强国的建设也起着重要作用。

一、民族传统体育文化融入学校体育的重要性

学校体育教育是民族传统体育发展与传承的有效路径，开发民族传统体育课程资源并融入学校体育教育中，可以丰富体育教学内容，拓展学校体育课程教材的可选择性和可操作性，有利于学生了解各民族的历史、经济、文化、宗教和风俗习惯，对掌握中华民族传统健身方法具有重要意义；有利于提高学生的锻炼兴趣，养成良好的终身锻炼习惯，培养学生对中华民族文化的情感，增强民族自豪感和自信心。通过对民族传统体育的学习，让学生从中认识到各个民族运动技能产生和发展的原因、历史背景、典型案例和发展传承，有利于调动和激发学生的爱国热情和勇敢奋发进取的民族主义精神。

（一）民族传统体育文化有利于促进学校素质教育的实施

学校体育作为学校教育的重要组成部分，在实施素质教育中具有其他学科不可替代的作用。科学有序地开展体育课堂教学不仅能使得学生们增长知识、增进健康、增强体质，而且也能够帮助学生调控自己的情绪、调适自己的

心态，促进学生的身心健康发展与形成优良的品质；促进学生思想和文化素质的发展与审美能力的培养，最终达到使学生综合素质全面发展的目标。

民族传统体育是体育的重要组成部分，是一项具有多元功能的社会文化现象；它对素质教育的很多方面有着深刻的影响，尤其是对学生的思想道德、人文素质、科学素质、个性发展和身心健康的培养具有深远的现实意义。思想道德素质的培养，是各项素质的基础和根本，而民族传统体育从健康身体、愉悦身心的角度出发与德育、智育统一成为提高人的身体素质和心理素质不可缺少的重要组成部分。

民族传统体育受中国传统文化思想观念的影响，往往把思想境界的提升看得比强身健体更重要，更多的是强调一种思想意境。唯有修身养性，提高自身道德文化水准，才有机会实现修身、齐家、治国、平民安天下。它处处体现了深奥的东方传统文明文化内涵，铸就了我们民族热爱世界和平、善良诚信、乐于助人的民族优秀品质，处处都能充分体现出我们作为中华民族仁义诚信之国、礼仪之邦的伟大民族文化品格，其本身便是极佳的民族思想道德教育课程。同时，民族优秀传统文化和体育特有的历史文化底蕴内涵，对在校学生的思想人文素质教育、文化品质素养教育、健康道德人格教育等方面都具备着一定的启示作用和教育价值。民族传统体育文化走进学校，融入到体育教学中，不仅具有现代体育所具有的竞争性、健身性及文化娱乐性，还具有丰富的文化内涵和质朴的民族精神内涵，使得参与者在体育活动中不仅能够体会到生理、心理的自我满足，实现促进身心健康的目标，还能激发广大师生对中华民族传统文化的浓厚兴趣和文化认同感，弘扬中华民族爱国主义精神，对传承民族文化和加强民族凝聚力具有积极的意义。

（二）民族传统体育文化有利于促进学校"全民健身计划"的实施

"全民健身计划"以全国各族人民群众为其实施的对象，以儿童、青少年为其实施的重点，把学校体育健康教育作为其突破口，是最终全面落实全民健身计划的关键点。但由于我国幅员辽阔，经济发展还不平衡，尤其是偏远的山区以及少数民族聚居地的学校受场地器材、师资配备等多种因素的制约，体育健康教育开展不够充分，如果这些学校能够因地制宜，选择一些符合不同民族、不同地域学生的身心特点、容易被学生接受的民族优秀传统体育运动项目，经过各级、各类学校的宣传、推广、普及和改进，引入学校体育课堂教学、课外训练和竞赛等教育活动中，有助于培养和提高学生终身体育的思想和行为习惯。学生只有掌握了我国民族传统体育知识与技能，毕业以后步入社会才能够顺利地成为社会体育骨干，把我国民族优秀传统的体育运动推广至整个社会的各个层面，影响和带动周边人民群众的体育运动的开展，促进学校体育和社会体育的接轨。还可以通过对社会体育指导人才培训的渠道，将传统体育作为全民健身运动项目进行推广和普及。因此，民族传统体育进入学校是学校实施"全民健身计划"的有效途径。

（三）民族传统体育文化有利于推动学校体育教学的改革

学校在体育课程教学中那些规则严密、对技术要求高的综合性竞技体育运动项目导致体育课程教学严肃有余、活泼乏力，天性好动的大多数学生都会觉得体育课枯燥乏味，出现了学生虽然很喜欢体育运动，但是又不喜欢上体育课的情况，这样就造成了学生缺乏运动的主动性，体育课缺乏生机，学生缺失对体育的兴趣，这种现象如果不及时进行纠正，将严重影响体育教育目标的达成。

民族传统体育运动具有健身性、娱乐性、观赏性、趣味性和群众性等特点。讲究自然与人和谐相处的养生哲学，符合以人为本的现代体育理念，重娱乐表演、轻竞技比赛，运动项目、内容丰富，受场地、器材等条件的限制较小，规则简单，便于组织开展。因而，在学校体育中，如果能够在充分地继承和弘扬我国民族传统体育文化的基础上，选取一些适宜青少年身心健康发展的、积极健康的传统体育教学资源，进行一系列有计划的、科学性的课程资源开发，逐步将这些资源融入到学校体育教学中。这样不但会给我们的学校体育课程带来蓬勃的生机，而且还能够丰富并充实课堂教学内容，激发并调动学生自主参与体育锻炼的兴趣和积极性。还能够让学生较好地感受到具有少数民族特色的传统文化，体验不同的传统体育运动手段和方式所带来的运动乐趣，把快乐体育、健康体育、终身体育等理念贯穿于体育课程教学的过程中，全面提高广大学生的身心建康水平，树立良好的体育意识和价值观，养成终身体育的锻炼习惯，全面深入推进素质教育，推动学校体育教学的改革。

（四）民族传统体育文化有利于终身体育意识的养成

终身体育可以保证体育教育的科学性、完整性与长远性的效能，并且必须满足个人或社会的可持久性发展要求，将学校体育、家庭体育、社会体育等紧密地衔接。我国少数民族传统体育正是以努力追求使人与自然、社会之间达到最大程度的和谐为宗旨的健康养生运动,这和终身体育的目标相结合、相统一。中华民族传统运动养生观,有利于中小学生的终身运动观的培养。体育素质是终身运动的基础,而民族优秀传统的运动项目则以特有的民俗色彩给其终身运动素质的养成提供了重要的保证。通过民族传统体育的学习,使得学生既能够从学习实践中深刻地去体验、感悟民族传统体育的文化内涵,又能够从中挖掘和表达出那些蕴含在本民族学生心中的优秀传统文化自信,形成一种在文化层面上的共鸣,从而有利于学生终身体育意识的形成。

(五)民族传统体育文化可促进学校体育教育发展完善

民族传统体育对人的影响是系统、全面的,对每一个人的民族自尊心和社会价值观的影响是全方位的。特别是它蕴含的积极健康、奋发向上的民族精神内涵符合学校教育的特点和师生的身心、情感、愿望的要求。

民族传统体育以其悠久的历史、动人的传说、独特的情趣反映了各民族的生活习俗、文化特点、道德风尚和宗教信仰,是各民族政治、文化、生活的一种特殊表现形式。因此,民族传统体育提供了一个有利于学生综合素质的提高和个性化发展的更为宽广的时间和空间,容易激发学生的学习兴趣,成为学生饶有兴趣的体育活动形式和内容,使学校体育不拘一格、丰富多彩,使参与者得以充分愉悦自己的身心,陶冶情操,增强自己的审美、交流、沟通等能力,丰富师生精神和文化生活,提升参与者的综合素质。学校是体育的摇篮,是民间原始体育形态走向规范化、科学化、普及化的必由之路。比如,欧美各种球类活动、日本的柔道、韩国的跆拳道都是以学校教育为中介进行教学和训练,进而得到发展的。我国民族传统体育通过学校这一媒介的传承,可以挖掘、收集、整理出更多有价值、有特色的项目,使其发扬光大。

民族传统体育融入学校体育,成为我国体育课程的重要内容和组成部分,有利于体育课程的自身建设、完善与发展。尤其是在贫困地区的学校中开展少数民族传统体育活动有着得天独厚的环境和条件,不但能够可以极大地增强广大学生对我国民族传统体育的兴趣,而且在一定的程度上还能够缓解我们贫困地区各级学校的体育资金、场地设施不足的困难,是对我们现代体育课堂教学的充实和提升,对促进广大学生身心健康和体育文化素养水平都具有重要的现实意义。

我国民族传统体育相对于西方一些优秀传统的体育项目而言发展相对滞后,在很大程度上与其脱离了学校的教育有较大的关系。比如,武术运动虽然作为我国传统体育的代表之一早已逐渐进入我国学校体育教育体系中，但长期以来由于受西方体育的影响，武术运动只能够成为西方现代体育的一种陪衬和点缀，并且不可避免地给武术运动染上了竞技的色彩。人们的价值观正在被竞技性体育观所取代，民族传统体育也势必会因此而缺乏其特有的人文教育价值内涵。

20世纪末，我国学校体育进一步明确"健康第一"的核心理念。民族传统体育具有的健身、健心、娱乐等体育文化价值被当代社会充分认可，把民族传统体育文化融入学校体育中，丰富了学校的体育课程资源，更好地体现出体育教育健身和育人的价值功能。将民族传统体育文化融入学校体育，一个方面是通过学校体育教育的途径，可以促进我国民族传统体育文化得到更好的传播、继承和发展。另一个方面是我国少数民族的文化基础深厚，大学生在这样的文化基础下就必然能够产生对传统体育文化的自信，从而促进学校体育的改革与发展，所以说我国民族传统体育和学校体育是共享与协同发展的。

二、民族传统体育文化融入学校体育的必要性

民族传统体育文化蕴含着对民族历史、民族伦理、民族宗教、民族艺术、民族美学、军事科技等诸多方面的民族传统文化的深刻内涵，是对民族哲学观、价值观、审美意识、伦理意识和对民族优秀传统文化情怀的直接反映，成为民族传统文化重要的组成部分和继承的载体。

另外，民族传统体育所具备的特殊功能和丰富多样、简便易行的教学内容形式，也能够满足师生体育教学和课外体育锻炼的需求。在地方性学校组织开展民族传统体育教学、竞赛训练等活动，不仅对师生的身心健康、素质提升、个性发展产生积极的影响，还是培养青少年学生爱国主义精神、增强民族自信心、自豪感的一个重要途径和手段，也容易逐步打造和形成特色鲜明的学校体育文化。

为了更好、更快地发展民族传统体育这一民族的国粹，弘扬中华民族的精神，尤其是在积极开展素质教育与终身教育，振奋中华民族精神，全面建设社会主义现代化强国，促进我国政治、经济、文化各方面全面发展的新时期，将更多中华民族传统体育文化纳入学校体育课程中，并逐渐向世界传播，是我们每一个中国人，特别是高校体育工作者义不容辞的担当和使命。

在学校教育中融入民族传统体育文化，既是继承、弘扬优良的民族文化，发扬中华民族传统体育文化的必然要求，也是我们推进教育改革、社会发展的必然要求。无论是对学生优良品德的培养和促进身心健康，还是对于促进整个

社会的物质、政治、精神文明和民族长远繁荣发展，都具备重大的战略意义。

一些独特的体育运动，如武术、散手、太极拳、中国式摔跤、踢毽子、象棋、龙舟、舞龙、舞狮等，已经通过许多途径和形态进入地方学校的体育课程体系，形成了传统与现代运动文化相辅相成、互补的良性效应。而一些健身养生的项目，如：采用传统的导引健康养生术、保健医疗按摩、抗老益寿功法等，可以很好地展示它的经济、实用价值和自然的优势，给学生们带来身体及精神和心理上的满足，提高了学习、工作效率，增添了生活的情趣，丰富了教学形式。

白马藏族体育文化是民族传统体育文化重要的组成部分，而且极具地方特色。白马藏族体育文化是中华民族聪明才智的一颗闪亮明珠，为整个民族的文化宝库增加了新鲜色彩，它所带来的传统生命观、健康观等价值理念正被大众所接受。所以将白马藏族体育文化融入学校体育无疑是十分必要的。

将白马藏族体育文化融入学校教育中，需要注意的一点就是教师应该促使广大学生能够加深对于民族传统体育文化内涵的认识和理解，使广大学生能够高度地重视并充分了解与民族传统体育文化相关的法律、背景、历史等，引导他们积极主动地参与其中，既达到一种强身健体、愉悦精神的目标，并且还要注重民族传统体育文化的继承和发扬。

第三节 白马藏族体育文化的旅游开发价值

随着经济的进步和发展，人们的生活质量和水平也在不断得到提高，交通运输条件也在不断得到改善，旅游已经逐渐成为人们生活中的一个重要组成部分。旅游行业的变迁和发展趋势说明，人们更加希望自己能够选择一个内容丰富、区位广阔、形态多样、民族特色、文化品味浓郁的旅游项目。体育旅游，特别是一种具有浓郁异域文化的少数民族运动旅游项目，已经逐渐受到许多旅行者的青睐。

一、体育旅游与体育旅游资源

（一）体育旅游

体育旅游是旅游行业一种新式的发展潮流，属于旅游行业的一个分支，当然随着现在人们对于生活健康的重视，未来体育旅游一定也会成为行业发展的趋势，是人类尤其是青少年群体所青睐的一种旅游方式。[1]从广义上看，体育旅游的内容是指包括了游客在参观旅行过程当中所需要从事的各类休闲、娱乐、健身、竞技、冒险、保健以及体育文化交流活动等与旅游地、旅游企业、体育企业及社会之间的关系总和；从狭义上看，体育旅游就是为了满足旅游者的一种特殊专项体育服务需求，以一定的体育设施、资源作为基本条件，以一定的旅游商品或者传播载体为形式，为旅游中有体育特殊需要的旅游者和消费群体提供一体式的运动和旅游服务。促进旅游者的身心健康发展，从而达到促进社会物质文明、精神文明的繁荣与发展，丰富社会文化和生活目的的一种社会活动。

（二）体育旅游资源

体育旅游资源是指自然界或人类社会中，凡是能对旅游者产生吸引力并能进行体育旅游活动，为体育旅游产业的经营活动所利用，且能够产生经济、社会、生态效益的各种条件的总和。

体育旅游资源既包括为体育的产生、发展提供各种自然生物圈和适宜的天然空间等自然环境资源，又包括为体育旅游或旅游而建造的服务性配套设施，同时还包括具有参加、观赏和健身价值的各种不同体育运动项目、体育文化、运动游戏等资源，这些资源可以更好地满足人们度假、观赏、娱乐、康复、探险、健身等旅游的目的。

从简单意义上讲，体育旅游资源是提供人们进行健身及体育运动所必需的各种运动项目、场馆及其他物质条件。体育旅游资源主要分为两大类，即自然旅游资源和人文旅游资源。自然旅游资源主要指自然界的山川风景、水域风光、生物景观等，属于天然景观。而人文旅游资源，则凝聚了先辈们具有开创性的聪明才智和心血汗水，内容广泛，类型多样，它主要涵盖了各种历史文化遗址、历史文化建筑、民族民俗、运动场馆和体育活动设施及娱乐场所。其实，自然旅游资源与人文旅游资源是你中有我，我中有你，紧密地相互联系，密不可分的，既有著名的大山、河流和宏伟壮丽的自然风光，又拥有历代历史文物和许多著名体育名人的历史传闻，还有各种历代自然体育文化旅游资源文化的丰硕成果，二者互相交织在一起，相互辉映，相辅相成。中国历史悠久、山川壮丽、民俗优秀，体育

---

[1] 连桂，刘建刚. 论体育旅游及其基本特征 [J]. 首都体育学院学报，2005（6）：15-16.

旅游资源十分丰富，并且具有鲜明的中国体育文化的特色。

体育旅游的产生和发展有赖于体育旅游资源。一个区域体育旅游业效益高低、兴旺，首先取决于体育旅游资源开发价值的大小，取决于体育旅游资源的丰富与否。

体育旅游者的动机、愿景和目的地对旅游者的吸引力都能够给旅游业带来巨大社会效益和经济效益，这些自然的、社会的、有形无形的资源都可以是体育旅游资源。我国是多民族的国家，如果在少数民族所涉及的地域范围之内，能够充分激发旅游者的兴趣和旅游动机，充分挖掘各民族的特色体育旅游资源，并且这些旅游资源能够被体育行业和旅游行业共同研究和开发，最终能够产生相应的经济价值、社会价值。民族体育旅游是一种较为新式的体育旅游方式和风尚，它作为一种特殊的体育和人类活动，不仅只是包含了休闲娱乐、社会服务功能、促进健康等功能，而且还具有重要的社会经济价值，同时又有利于弘扬我国优秀的民族传统体育文化，是当前人们日益提升的物质文化需求所配套的现代旅游消费产品。体育旅游既增强了人们的身心健康，同时也有利于熏染人类文化的底蕴。民族体育旅游产业，以身体运动为主要依托，以观看或参与到体育项目的形式为主要载体，宣扬了中华民族优良的传统文化底蕴，大多数民族体育运动项目和旅游地都与少数民族的生产居住活动息息相关，具有深厚的文化和历史感。

二、体育旅游资源的特征

（一）体育旅游资源的历史性

中国流传至今的宝贵遗产构成了极为珍贵的体育旅游资源，其中许多资源以文化古老、历史久远、底蕴深厚而著称。如宗教名山峨眉山、九华山、五台山、衡山、武当山等，是丰富的养生文化、寿文化、体育文化、健身文化的积累。

（二）体育旅游资源的多样性

中国已经发展成为当今世界上目前拥有运动体育和文化旅游两个产业人力资源最充足的国家之一。资源系统品种繁多、类型多样，并且资源具备了各种使用职能。中国已经拥有了各种类型、富于艺术美感的许多风景自然地貌和历史文化景观，这在世界上都是独特和唯一的旅游资源。中国不仅存在着多样的极端气候变化的地带和温暖气候变化的地带，还有鲜明的立体全球气候变化效应，特别是位于横断山脉的中部地区，即人们俗称的"一山有四季，十里不同天"。

不论在我国东西南北都拥有着繁花似锦的美丽人文自然美景，不但有位于山地、海滨、高原、低至中纬度等各个地区的夏季旅游避暑胜地，而且还有避寒休假胜地海南岛，也有银装素裹的冰雪世界哈尔滨。丰富多样的城市风景、自然地貌与多功能的自然资源等都给体育旅游、运动健身等休闲活动提供了一个优越的自然生态。

（三）体育旅游资源的丰富性

不论是从我国体育旅游资源提供的角度来说，还是从我国体育旅游消费的观点来讲，中国都能够利用目前已经形成的体育旅游项目的各类资源和需求，将其开发成为更加适合当前现代体育旅游发展趋势的各类旅游产品。中国能够拥有多元化且复杂的运动和旅游资源体系，一方面主要是因为中国的国土广袤，地质条件复杂，气候多变，另一方面也与中国的历史悠久、文明发达等因素相联系。

例如仅我国的云南省，传统体育运动项目就已经有300多个，《中华民族传统体育志》就包含有977项传统体育项目。这些传统体育项目既产生于大自然，又在大自然中形成和发展，与大自然的环境相互交织成整体，也成为了我国丰富的体育旅游资源。

三、体育旅游的功能

（一）促进社会经济发展

1. 促进贸易性创汇，还能促进非贸易性创汇

根据国际旅游的实践经验，旅游行业每直接增加一个就业者，就能够间接给社会创造五个就业岗位。体育旅游行业可以直接带动其他相关行业的快速发展，与观光旅游不同的是，体育旅游行业主要依靠服装、体育用品和其他专项服务产品。体育旅游可以促进社会各行业所有者的生存与发展，发展好体育旅

游不但可以带动体育咨询培训业、健美服务业与体育医学康复、运动休闲服装业、运动休闲设备业、运动休闲建筑业等领域的产业发展，还可以通过体育旅游带动消费品市场，提高制造业的科学技术水平，刺激制造业的发展，还能够帮助带动投融资和环境的改善，加强经济贸易交流和合作。

2. 带动社会群众和城乡居民个人消费

随着我国国民经济和人民生活水平的大幅度改善和提高，越来越多的城乡居民利用闲暇时间或者节假日，去度假村和旅游地区进行阶段性的休养。一方面帮助旅游者恢复脑力疲劳或接受康复性的治疗，调适心态，另一方面让旅游者更好地享受大自然的沐浴。在国外，旅游度假村很发达，功能也非常齐全。例如现在法国的巴黎阿尔卑斯国家冬季运动中心体育场和休闲度假娱乐区的体育休闲项目已经有200多个。目前我国的旅游休闲度假村虽然行业起步比较晚，但未来的发展趋势也是挺可观的，各个旅游地区具有自己文化特色的旅游度假村也层出不穷。显然，无论哪一种类型的旅游度假村，都与其中的健身、休闲紧密地联系着，体育旅游它不仅是一种优质、高品位的健身运动和一种健身休闲旅游，而且正在随着人们生活品质的不断提高逐渐呈现出蓬勃发展的态势。

（二）促进人的身心健康

1. 提升国民素质

发展现代化的体育旅游产品可以培养和提升国民素质，可以有效地帮助体育旅游消费者掌握各类体育旅游产品的基本知识和技能，了解各类体育旅游产品的作用、方法和手段，提供一些帮助旅游消费者迅速恢复其精神状态和体力锻炼的服务等，不但能够达到充分满足体育旅游消费者愉悦身心的要求，而且还能够快速地缓解和消除人们的身心疲劳，增强健康，预防各种心脑血管疾病、糖尿病、精神抑郁症的发生，促进人们的身心健康，延年益寿。

2. 满足人们娱乐与健身的需求

体育旅游本质上最接近大自然，所以普通大众特别容易理解和接受，体育旅游将体育和旅游紧密地结合在一起，同时满足了人们娱乐和健身的需求。我国体育旅游资源丰富多彩，使参与者很轻松地找到切入点，能够充分满足各种个性化的要求，所以体育旅游已经成为当今的新潮。

体育旅游既能够吸引更多的外地人，也能够吸引更多的当地人，不同的地区所具有的旅游行为进程各不相同，而且旅游业的发展趋势各不相同。体育旅游发展的阶段性、民族化、区位化是体育旅游业可持续发展的三个重要主题。体育旅游和文化休闲旅游除了共同的特征，更多地还有各自的特色。从宏观上讲，体育旅游归属于文化旅游的范畴，它是文化旅游的重要组成部分，体育旅游和文化旅游主要区别在于以下两点：一是旅游活动的内容、方法、手段不同；二是活动的最终效果不一样。体育旅游主要目标是围绕与参加体育类的娱乐、竞技、健身、冒险、康复等各种活动共同进行，因而能够达到文化旅游的目的同时还能达到健身的目的，并以其具体的内容、方式、手段、途径而独具特色。

体育旅游的蓬勃发展和兴盛，标志着人们对于体育生活观念的改变以及对体育生活方式的改变。发展体育旅游的意义就在于：保护人们健康的身心，这也正是当今人们积极投入到体育旅游活动中去的最主要动机；带动旅游产业发展，发展社会经济，利国利民；在一定程度上，体育旅游可以被理解为生态体育，发展体育旅游还可以提高全民环境保护和环境建设的意识。

四、民族传统体育旅游的发展契机

（一）民族传统体育旅游业发展的宏观政策背景

国务院颁布实施《全民健身计划纲要》明确指出，积极发展我国少数民族体育，在各个少数民族地区广泛开展以我国少数民族传统体育运动项目为主的综合性体育健身活动。第十二个五年行动计划明确提出，我们党和国家体育事业的建设与发展，要适应我国城市化的发展和我国居民生活消费结构转型升级的新形势。积极引导和推动各类体育事业之间的互动及其他相关行业的发展，促进体育旅游、体育媒介、会议展览等相关方面形式的体育事业发展。国家宏观政策的实施，促进了我国体育和旅游发展的有机结合，为民族传统体育旅游的发展提供了有力的政策支持。

2014年国务院旨在引导和促进我国体育产业的发展，并通过相关产业的发展来带动和刺激体育消费，并出台了重要文件。2016年国家体育总局和国家旅游局联合为促进体育旅游的发展出台了《关于大力发展体育旅游的指导意见》的指导性文件。其中指出体育与旅游的深度融合日益成为新兴产业形态，大力发展体育旅游具有重要的、深远的意义。同时，文件还指出体育资源在体育旅游中占有重要的地位，并着重强调在加快发展体育旅游的同时，还要健全和完善相关的保障措施。文件明确提出："支持发展具有地方特色、民族风情特色的传统体育活动，推动特色体育活动与区域旅游项目设计开发、体育文化保护传承和民族地区的体育旅游扶贫相结合，打造具有地域和民族特色的体育旅游活动，分期分批推出'全国重点体育旅游节庆名录'。"[1]

2017年党的十九大报告中，习近平总书记指出："要扎实推进少数民族特色体育事业快速发展。"与此同时，始于2017年旨在宣传展示推广体育旅游资源中国体育博览会，分类推介出十佳精品赛事、景区和线路，对于体育旅游起到了积极的示范和引导作用，也极大地推动了我国体育旅游相关产业的发展。此外，国务院办公厅还出台了《关于促进全域旅游发展的指导意见》等重要指导性文件，要求深入挖掘历史、地域特色和民族民俗等不同类型文化，同时要通过不断地提升旅游产品品质和创新产品供给，来推进体育产业与旅游产业融合发展的动力。

从全国各省及地方对于少数民族传统体育旅游的重视程度看，连续性、有针对性地出台相关支持政策也成为产业发展的重要保障和强大优势。少数民族传统体育文化发展被作为一种体育旅游文化产业和旅游文化产业之间融合发展，这种新兴产业发展前景极为广阔。

民族传统体育旅游，是提高我国人民身心健康，培养审美意识的重要手段。近年来，伴随着多种文化艺术活动和多种形式的旅游节，我国民族传统体育文化已经得到广泛的传播。旅游活动实际上是一种文化交流的活动，它是一种文化和另一种文化之间的相互交流。旅游活动为各类社会团体及其不同的民众与民族的传统文化之间的接触与交流提供了良好的环境。因此，旅游经济的繁荣和发展将直接推动我国传统体育文化在当代中国的发掘、复兴和光大。在旅游活动中，利用民族传统体育文化资源，借助各种物质、非物质文化旅游资源和旅行者进行广泛的互动交流，可以让旅游者感受到各个民族独有的传统体育文化，使我国少数民族传统文化的精髓得到锤炼、继承和发扬，而落后的东西被逐步消除和淘汰，从而让我国少数民族传统体育的优秀品格更加凸显。所以，旅游经济的繁荣发展对于民族传统体育的繁荣发展具有积极的促进作用。同时，民族传统体育亦应该紧紧抓住旅游产业迅猛发展的时机彰显其自身的特色与价值。

---

[1]国家旅游局、国家体育总局．关于大力发展体育旅游的指导意见（2016）172号．

（二）各种形态的民族传统体育活动可作为现代旅游资源

少数民族传统体育活动是多姿多彩的。比如许多民族传统体育运动会都拥有一定规模的参与者，并且参加的观众群体较多，气氛温馨，突显民族风采，具有很强的感染力，既可以健身又可以达到审美观赏、文化沟通的目的。中华民族的传统体育集健身、艺术、娱乐等多种功能于一体，具有运动性、健康性、观赏性和娱乐性等特点，这些多方面的优势，使其更加具有旅游业经济增长点的潜质。另外，民族传统体育既有丰富多彩的民族文化特点，又能够与各个民族地区独特的人文历史景观相互渗透。尤其是当民族传统体育和各个少数民族古朴风情及各种独特的衣食住行、节庆活动、传统服饰、手工艺品、特产、民族歌舞等融合在一起时，这些元素便会共同组合起来，形成一系列具有鲜明的地方民族特色的旅游资源。

近年来随着我国居民收入水平不断提高和生活环境的改善，人民群众体育旅游时间也在增多，利用各种娱乐、健身、旅游等活动方式来调整自己生活的人越来越多，于是传统体育旅游也逐步发展成为现代人日常生活的一种文化性消费，并且有望在未来成为一个全球性的消费热点和国内外投资的热点，可以说它将成为当前现代旅游休闲游经济的主导性增长点，带动了旅游经济的快速增长。

（三）民族传统体育旅游业的形式多种多样

我国民族传统体育旅游业的最大优势之一是可以借助于旅游景区的天然资源优势，选择一些娱乐性强、观赏度高的项目，在该旅游景区内开展一些富有民族地方风情、民族特色、形式多样的体育文化活动。比如，在著名的景点需要结合实际向旅行者展示传统的民族体育文化，也就是我们可以适时地邀请旅行者参加各类妙趣横生的民族传统体育活动；再比如，充分发挥各地的民族文化优势，利用大型体育运动会及各类大型集市，开发具有民族特色优势的传统体育旅游项目。还可以积极发挥各级运动协会和俱乐部的作用，举办各级各类体育竞赛活动或者是民族传统体育活动，激发广大游客的兴趣，调动他们参与的主动性，构建起民族体育、旅游、经济、文化、生态和谐的共同体。把民族传统体育价值叠加起来融入到旅游产业上，将体育和旅游两者之间的力量进行科学的组合，可以形成更强的合力，使旅游行业在激烈的市场竞争中收到更大的社会、经济效益，使民族传统体育文化得到共同发展，实现民族传统体育在经济发展中尽早地实现社会文化产业化的目标。

民族传统体育文化从不同的角度反映了每个民族的不同文化、历史、宗教、风俗习惯等，并且使其具有非常强的体育竞技、娱乐性和艺术性的价值，是一种能够吸引广大中外游客的民族特色休闲旅行资源。把民族传统体育旅游与各个发展国家和发达地区的少数民族传统文化有机结合到一起，可以提升体育旅游休闲文化的国际品位，从而加快建设和发展形成一个独特的，具有民族、地域文化特征的并且具有一定国际市场竞争力的民族体育旅游文化产业，特别是对于加快推进少数民族西部地区的经济社会发展，建设美丽乡村，助推乡村振兴战略的实施具有重要的现实意义。

（四）旅游和民族传统体育资源优势互补、互惠互利

旅游资源开发就是推动旅游产业发展的客观依据。旅游资源能否具备自己的特点，在很大程度上会直接影响旅游产业的生存和发展。民族传统体育文化在长期的历史和社会发展过程中已经形成了鲜明的民族特色，民族传统体育是不同民族健身娱乐、生活方式、宗教信念、民风民俗、舞蹈艺术和神话传说的融合体，充分反映出中华民族体育文化的博大精深，民族传统体育无疑能够发展成为一种优质的现代旅游资源，成为旅游产业的重要组成部分。美国著名的经济学家里昂基于所在地区的各个部门之间的产业关联度进行数学模型来推算得出：体育与其他地区各个部门之间的产业关联程度较为密切的六个产业，也就是食品业、服务业、交通通信业、旅游业、机器人工程业、建筑材料工程业的各个部门之间的相关系数，体育与文化旅游业和各个部门关联程度是最为密切的。这种比较强的相互关联度，表明了民族传统体育文化在当代中国发展中具备了带动当代旅游经济发展的巨大潜质。近年来各地尤其是一些少数民族聚居地区大力引进一些具有民族特色的专线旅游和具有民俗风情的大型专线游旅游民俗产品，其中一些少数民族地区的传统体育休闲旅游项目，常常都会成为专线旅游和民俗产品的重要内容。例如被列为"全国35个最具王牌景点之一"的天山宁夏沙湖自然风景区，是一颗融宁夏江南水乡与原始森林和高原大漠自然风光完美为一体的"塞上明珠"；是将绿色自然风光景观作为文化旅游项目主体，同时开发了水上滑沙、骑骆驼以及许多具有宁夏特色的地下水上运动休闲活动体验项目。如地下水上电动摩托艇、冲浪、水下海上升降高空降落伞等，给那些既热爱水上体育运动，又喜欢水上冒险的旅行者和游人们提供了亲

身尝试一展身手的游览平台和活动机会，满足了广大旅行业和旅游消费者与日俱增的各种个性化消费需求，为未来宁夏文化旅游和区域经济社会发展领域带来了一个崭新的发展亮点。

民族传统体育可以充分满足广大旅游者的健康、休闲需求，丰富旅游内容，改善各类旅游商品的组织架构，增强各类旅游商品的市场竞争力，提高各类旅游商品的社会经济效益，并且有助于缓冲当地的季节性对旅游业带来巨大的冲击，同时也有助于各类旅游目的地对其旅游品牌形象的塑造与改善。民族传统体育文化助推旅游的发展，而且旅游的发展也反过来推动了民族传统体育传承与发展，这种利益取向是双方互动的。由少数民族传统体育文化搭台，旅游经贸唱戏，优势互补，互惠互利，全面推广促进文化事业，在各地组织举办的不同类型的文化体育旅游项目中都得到了很好的体现。

我们要牢固树立起民族传统体育与旅游经济相互推动意识，在加快开展旅游项目建设时，把民族传统体育、旅游资源、民俗习惯、环保等融为一体，使其相辅相成，形成一个促进我国旅游业健康可持续发展的社会经济网络。

五、民族传统体育与旅游业的融合

随着我国经济制度改革及体育经济结构性改革的推进和深化，体育产也逐步得到发展。体育、旅游、文化产业是我国第三产业今后一段时间发展的主要增长点。由于各个民族传统体育与旅游产业之间具有很强的关联性，因此民族传统体育与旅游业开展了战略性的合作。随着我国旅游产业的迅猛发展，每项大型体育集会的举办都将给旅游业发展提供绝好的契机，要将体育的"旅游"化和旅游的"体育"化有机融合在一起，达到最佳的双向选择。

在漫漫的历史长河中，民族地区独特的自然地理条件、环境以及民族性的休闲娱乐设施，反映了每一个民族的历史、政治、经济、文化、宗教、民俗风习以及社会心理状况等。民族传统体育文化是千百年来各民族物质文明和精神文明相互交叉、融合发展的产物，与各民族人民的生产、居住现状之间有着密切的联系，是民族地区赖以生存、健康发展的良好氛围和环境。因此，民族传统体育文化又被认为是一种独特的生产力，加强民族传统体育与旅游业的创新融合，游客可以深入少数民族地区，切身感受少数民族真实的生活，了解他们的民俗和文化等，游客可以亲身参与到相关的民俗活动和体育活动当中，不仅可以增强游客对旅游地的深刻印象，还可以提升民族旅游地区的社会形象，对民族文化经济价值的提高也是非常有益的。

民族传统体育产业，从狭义上来说，它指的是以当地组织专业人员进行各种类型的体育比赛、会议、交流等作为旅游目标的休闲旅游。从广义上来说，是以各种球类运动及水上、水下体育运动、康体等休闲体育运动、越野、狩猎、武术运动为主要旅游目标和服务内容的休闲体育运动旅游，是通过体育运动旅游和休闲体育的相互交叉、渗透而创造发展出来的一个新兴旅游领域。

民族传统文化体育产业发展作为构成我国体育旅游业经济发展生态链条的一个重要组成部分，它的主要任务是以一定数量的传统体育旅游信息网络技术数据资源和一些现代体育设施设备作为发展的基础条件，以体育旅游休闲的商品为形式，为体育旅游者在其体育旅游休闲活动开展过程中提供一系列的体育健身、娱乐、休闲、交际等各个方面的休闲服务项目。

白马藏族传统体育文化产业的旅游开发正处于一个萌芽阶段，其中的本体产业突飞猛进的发展暂且不太可能，只有将其与另外几种产业相互交叉、扩散、互动和发展，才能够在短期内具备明显的成果和效应。

通过将白马藏族体育文化产业与发展较为充分的旅游产业"联姻"的方法，开发白马藏族特色餐饮、住宿、歌舞、旅游等服务产品，提升民族体育文化的经济效益，助推白马藏族传统体育文化发展，也可以直接借助旅游文化产业的发展快速进入当地经济社会的领域，助推社会经济发展。

六、民族传统体育旅游开发的社会效益

（一）加强民族团结

民族传统文化的产生与发展，与我国人民的社会经济生活、生活环境密切相关，它凝练塑造了中华民族积极上进、坚强不屈的民族精神，因此通过开展民族传统体育文化活动能够很好地鼓舞和振奋中华民族精神，增强中华民族的自豪感，从而促进民族的团结与和谐。少数民族的体育文化活动被认为是他们适应外部环境展示自身文化特色的重要窗口，通过广泛开展民族传统体育旅游活动，可以促使各民族之间的相互了解，加强彼此间的情感交流，增进互相之间的情谊。

（二）丰富民族文化社会实践

文化是指某一特定的社会团体在长期的相互交往和社会实践中逐渐发展形

成的，能够反映该群体的物质与精神生活的所有事物和社会现象的综合总称。体育活动本身就是传统文化的一个重要的组成部分。由于我国少数民族众多，体育活动内容丰富多彩，将少数民族体育文化资源合理的开发为体育旅游资源，可以在旅游的过程中尽显其自身绚丽的风采，通过对某些具有悠久历史的体育旅游项目的开展，可以促使人们更深入的理解体育旅游项目的文化内涵，从而丰富民族传统文化的社会实践性。

（三）促进我国和谐社会构建

和谐社会是一个协调、团结、安定、全面健康有序发展的社会。我们必须充分利用促进我国民族和谐社会协调稳定发展的旅游发展条件，大力支持民族传统体育文化旅游事业向更高的水平发展。坚持落实科学发展观，"以人为本"正确处理社会稳定和健康可持续发展之间的互补关系，正确处理民族传统文化与政治、经济、文化等各种因素之间的相互关系，使它们最终能够做到相互配合、相互促进，全面、健康、可持续发展，推动民族传统文化的社会化、生活性、大众化，推动民族传统文化向产业化的方向发展，这是我们当前构筑和谐民族传统体育旅游工作的战略使命与总体要求。和谐社会正在呼唤民族传统文化特色体育旅游，民族传统特色体育旅游必将有力促进和谐社会，二者相辅相成。

白马藏族传统体育是依附于本民族民俗文化母体的一种体育文化，它不是一种纯粹的体育项目，从某种角度来讲，它是白马民族文化的一种载体。将白马藏族传统体育文化与村寨经济文化活动融合，有利于社会互动与融合发展，加强社会文化互动与融合，实现民族体育文化的社会效益，最大限度地发挥其正面导向功能，促进民族地区社会和谐发展。

第五章 白马藏族健身操创编实践

第一节 民族健身操概述

近年来，随着我国健身运动的不断发展，人们对于健身的认识和理解进一步深入，知识技术水平和健身的科学化应用程度不断得到提高，对于健身的要求也越来越多样化、越来越个性化。民族传统健身操已经给我们的健身兴趣爱好者提供了新型的健身活动内容，由于不同的民族都有着不同的城市群落分布及其文化特征，动作和音乐的节奏有的舒缓轻柔，有的雄浑，具有浓郁的乡土风情和民族特点。具有独特的民族特征的健身操音乐，随着其曲调与节奏的改变和动作的起伏而逐渐产生的韵律感，增加了民族健身操的韵律美。同时，在优美音乐的陪伴下进行运动训练也可以帮助延缓疲劳的发生，欢快明朗，有节奏的优美音乐运动可以更快更充分地调动人体的兴奋性，增加练习者的积极性，使练习者既在训练的过程中增强体质，又能够感受到各少数民族不同的风情，促进练习者对少数民族文化的认识和了解，从而促使少数民族的体育运动文化也得以传承。由于民族健身操受活动场地及其器材条件的限制较少，且它们具有艺术表演力强、欣赏价值高、容易参与、运动训练效果佳等特征，更是具有宣传和推广的价值，民族健身操被视为一项新型民族优秀的传统运动体育项目，展示了中华民族独特的历史文化。在我们倡导健康全民运动的社会背景下，民族体育健身操已经具备了相当宽泛的发展空间和前景。

一、民族健身操的定义

民族健身操是在我国少数民族舞蹈、健美操及其他少数民族的传统竞技性体育项目基础上逐步发展并逐渐形成的一项独具特色的竞技性健身运动项目，现在已经发展成为了全国各地区少数民族的传统竞技性体育运动会的官方比赛项目。它是来源于我国多地少数民族人群的各种民俗和生活，是将其中的人们在祭祀、祝圣、祈福、节日庆祝以及娱乐等各种活动中所表现出来的各种肢体动作或其他主题思想观念综合后进行了加工改造，与现代健身操和少数民族舞蹈相结合，在各种少数民族风情和音乐伴奏下开展的一种体育运动和文化娱乐活动。

民族健身操的许多动作和其艺术风格都是取材于我国少数民族的舞蹈，舞蹈是通过表达人们的思想感情来反映社会生活的一种艺术形式，它以每个人的各种肢体行为为基础和工具，以经过精神提炼、组织和艺术加工的各种人体行为为主要的表现方式和手段。舞蹈是一种属于人类自己本能、是与生俱来的艺术表现形式，是一种被广泛应用于表达精神感悟的与人类共同交流的形态性语言。在当今世界上还未建立起语言文明的时代，人们就用表情、姿态和动作来表达感情、传递各种信息。从一个广义的角度来看，在自己的民族中是起源并流传下来的，而且也正是自己的民族独有的一种舞蹈方法，那么这就是我们的民族性舞蹈。从狭义上看，一个国家或地区所特有的或者是专有的各种音乐舞蹈表现方法，也被称为民族性的舞蹈。我国少数民族的艺术品作为统治时期一定地区人们的精神生活和社会物质生活的表现，主要是来自于少数民族社会的劳动和实践。但是，如果具体涉及到某些特定文化或者艺术形式的起源、演变，则会具备其他的特殊性。除了劳动学说之外，它们也许与祭祀、娱乐、战争都有着非常紧密的关系。

中国少数民族的民间舞蹈体系灿烂夺目、色彩斑斓，具有很强的的民族艺术性特征。它们因为在社会条件、经济模式及其文化风俗等诸多方面存在差异而有所不同，不仅体现在其主题的内容及外部形态，而且还体现在其节奏感和艺术性上。但它们也各有其共同点，从舞蹈的功能上看，大体上我们可以将舞蹈划分为宗教崇拜性舞蹈、服务祭祀性舞蹈、娱乐性舞蹈、少数民族历史传衍舞蹈和农业生产劳动传衍舞蹈。虽然不同少数民族所传承和流传下的各种民间音乐舞蹈风格、形态和内容都有所不同，或婀娜多姿或热烈奔放，或源于宗教崇拜仪式，或为了表达人们的倾慕之意，但都充分体现了中华民族所应该拥有的悠久历史及其丰富的内涵。这些都是来自于大山、森林、江河湖泊和广阔的清新自然环境中，仿佛还散发着泥土的香味，充满了对民族的豪情。

民族健身操的整体设计中的许多艺术元素都充分借鉴了健身健美操的基本动作。健身健美操运动作为一项现代群众体育健身活动，深受当代我国广大人民群众的喜爱，普及化程度极高，是集各种舞蹈、体操、音乐、娱乐等为一体的健身运动项目。健美操运动一般可以划分三个主要的类型，分别为各种竞技性健美操、健身性健美操和表演性健美操。其中，群众基础最好的就是健身健美操。健身和健美操的主要目的都是为了提高身体素质，增进健康，这个特点使其适合不同阶层各个年龄段的人群练习。

民族健身操是以少数民族的舞蹈动作和少数民族文化素材为主要组成元素，以健美操操化动作为主要组成依据，在少数民族音乐的伴奏下，以身体练习为基本手段，以有氧体育运动为基础，达到促进健康、塑造人格形体、体闲娱乐和弘扬传承优秀少数民族文化等目的的一种健身运动项目。

二、民族健身操分类

民族健身操的内容丰富、形式多样，根据各种类型的民族健身操需要实现的主要目标和侧重于其所完成的任务，可以把民族健身操划分为以下三类：

（一）推广类民族健身操

推广类民族健身操以促进健康主要运动目的，通过有氧运动方式锻炼身体，提高人体有氧代谢的适应能力，增强健康体格，以达到促进健美，焕发民族精神，陶冶情操，并努力达到不断传承弘扬中华民族优秀传统文化的目标。推广类民族健身操面向大众，强度和困难程度相对比较低，可以供社会上不同的年龄、性别、专业和各个层次的人群所选择。

（二）表演类民族健身操

表演类民族健身操属于一种展示性与欣赏性的范畴，主要目的就是为了进行介绍、宣传和传播，以及引领和带动我国民族健身操事业发展，丰富人民群众的业余文化运动生活，旨在为了进行展示和观赏。

（三）竞技类民族健身操

竞技类民族健身操主要以竞赛活动为主要目的，具备特定的竞赛规则和综合评分办法，需要完成某些难度的动作，对于参赛者的综合身体素质、技巧能力和综合艺术表现力都具有较高的要求，是一种充分展示人体健、力、美全面素质和民族特性的竞赛项目。

三、民族健身操的特点

（一）浓郁的民族性

一套具有民族特色的健身操则是泛指一个民族或某一种民族地区以具有民族特色的舞蹈动作为基础而创编出来的健身操。它既与现代健身锻炼和竞技健美操不同，更不是一种世界通行的体育运动形式。其中的民族性，所需要反映出来的就是对创造这类健身体育运动表达形式的少数民族集体性格。许多少数民族的传统健身体育形式在几十年、几百年乃至上千年的继承、普及和发展过程中，都会不断地融进其他少数民族传统的健身运动因素，也会随时代的不断发展变迁而有所改变、演化，但它始终遵循着其初始创编时的少数民族特色的印迹。其次，长期以来，由于民族健身操主要是流行于本民族中，民族文化与民族性格相互地熏陶，时时都在影响着民族健身躁的生存和发展。

少数民族健身操是我国少数民族传统体育文化活动，是我国少数民族传统音乐舞蹈与民族健美操等传统体育文化活动的有机完美融合。不同时代的各类民族健身操都各自有其特色，它们都充分反映了现代中华民族优秀文化、传统道德文化的基本知识内涵与艺术精华，具有突出的民族特点，具体表现在以下两个方面。

首先，民族健身操的民族性主要体现在其动作的特征上。民族健身操是一种新兴的健身运动，它开创性地将少数民族的舞蹈和健身操运动进行了有机融合，既包含着力度鲜明的健身操动作，又包含着艺术感丰富的少数民族舞蹈等多种元素；既有感人的艺术表演能力，又有深厚的文化底蕴。它们的动作特点既有健身的功能，又有传承民族优秀文化的功能。

其次，是对于音乐的特色这个方面。音乐始终伴随着整个人类社会的进步而前进和发展，表现出其独特的艺术魅力。民族健身操所选择的音乐主要是一些富有中国传统民族特色风情、旋律悦耳动听、节奏感强的中国民族音乐精品。这些音乐被广泛地熟悉，具有很强的感染力，容易让人对其产生浓厚的兴趣，培养人们积极锻炼的自我意识，彰显其动作的内在表现力，使人们产生一种振奋、欢快、跃跃起舞的心理感受。民族音乐的文化和艺术感染力，所产生的强烈凝聚力，有助于提高中华民族的认同感。利用优秀的民族音乐来创编民族健身操，对于这项体育运动的开展有着至关重要的价值和意义。

（二）独特的地域性

不同的民族所生活的自然环境、气候条件、社会文化历史、宗教信仰和传统风俗习惯等各有不同，表现他们的民族精神、情感、观念以及各种民族艺术也有明显的区分，所以每一个少数民族的健身操都应该具备有本民族的文化风格特色和独特的韵味，这样才能使得少数民族的健身操更加具备一个很鲜明的文化特点——地域性。例如：彝族的烟盒健身操就是取村于云南红河州一带彝族的烟盒舞（也叫三步弦或跳弦）。其动作的创编正是融合了烟盒舞中风点头、正弦等基本元素，音乐用四弦琴演奏为主，韵律风格优美，气质古朴，具有浓郁的民族地城特色，又如云南特有民族佤族的健身操，其创编动作不仅包含佤族民间木鼓舞中的两步一踏、跺脚、甩手走步还融合了侗族独有的甩发舞中的胯部扭动、胸部台展、甩发绕肩等动作元素，这套健身操还具有鲜明的侗族特色。这说明各民族的健身操正是因为保留了本民族、本地域的艺术特色，才能脱颖而出，才具有鲜活的生命力。

（三）高度的艺术性

在中华民族传统的体育项目中，既有现代纯竞技性的体育项目，又有侧重于体育表演性质的体育项目，而少数民族健身操则是属于后者。它被认为是中华民族传统体育和艺术完美融合的主要代表，并且具有很强的艺术表现性，其审美价值也不可小觑。民族健身操运动被认为是一项必须要追求人体健与美的体育运动项目，因此民族健身操运动被认为是属于健美体育的一个类别，具有很强的艺术性。民族健身操运动的艺术性主要表现在它们的健、力、美三种基本特征上，健康、力量、美丽的本质就是我们人类历史上一直追求自己身体的最高境界。在开展民族健身操等各种体育运动中，无论是宣传和推广表演类的民族健身操，还是参加竞赛类的民族健身操，无不处处呈现着它们健、力、美三大特征，这也正是人们热爱民族健身操运动的重要原因之一。它能够促使人们全身心地参与到民族健身操运动中，欣赏民族健身操的美，体验到运动带来的愉悦，深刻感受独特的民族体育艺术的多种属性。它不仅体现出我国少数民族传统体育的艺术特性，还有民族健身操的民族特性。一方面，民族健身操展示了少数民族从古至今一直流传下来的独特的艺术魅力，独特的动作表现形式再次呈现了其生产、居住、娱乐等各种情境，流露着浓郁的大自然的气息。再加上旋律优美且音乐风格迥异的少数民族音乐与现代健美操清晰音乐的节奏感，更是充分地展示了各民族独特的艺术表现个性。另外一方面，民族健身操具有极强的民族文化和健身操的民族艺术特征。舞者所需要穿着和佩带的少数民族风情多样、色彩斑调的少数民族服装和器物给予了人们强烈的视觉冲击，呈现出各少数民族迥异的生活和审美情趣。民族健身操以其独特的传统文化和具有的民族性，深刻地反映着各个民族悠久的传统文化和经济发展历史、生活文化习俗、民族风情和不同区域历史文化等特征，因此群众的实践基础也较强。

民族健身操动作协调、流畅、富有节奏感，不但能够帮助健身练习者锻炼身体、增强体质，而且人们容易从中获得美的视觉感受，有利于提高身体素质与艺术修养。而竞赛类民族健身操运动员在比赛中所表现出的健美的体魄、高超的技术、流畅的编排和充沛的体力等也给观众留下了深刻的印象，充分体现出了民族健身操运动的"健、力、美"特征和高度的艺术性。

（四）强烈的节奏性

民族健身操的动作特点是具有很强的节奏特征，并通过音乐充分地表现出来。因此，音乐被普遍认为是民族健身操中不可或缺的一个组成部分。民族健身操音乐本身具有浓郁的代表中国传统民族风格的音乐特征，节奏坚韧有力，旋律优美，具有很好地协调烘托表演气氛、调动人们运动情绪的效果。

民族健身操之所以如此广泛地受到了大家的喜欢，一方面是具有健身性，动作富于时代感，另一方面便是现代音乐为民族健身操提供了新鲜的活力。民族健身操的动作和音乐的协调统一，节奏韵律感较为强烈，使得民族健身操的练习者对于体育运动产生了更大的感染力，使民族健身操在竞技比赛及其表演中也更具有观赏性。

（五）广泛的适应性

民族健身操集体育健身、娱乐、康复、防患疫情于一身，运动训练的形式丰富多样，动作优美流畅。训练形式简便易行，运动量适中，不受训练时间、场地、器材、人员数量、气候等各种因素的影响，普及性很强。不同的年龄、不同身体状态的人群都可以通过控制运动速度、幅度和练习时间的方法来调整运动量和强度，各种群体都能从民族健身操的练习中寻求出最恰当的运动方法，都会使他们在民族健身操的练习中找到最佳的乐趣。例如：中老年人群体可以考虑低强度的有氧运动练习，达到锻炼身体、娱乐身心、保持健康的目标，可以推广傣族有氧健身操等；青年人群体可以考虑选用各种难度相当、运动量相对较大的比赛类型民族健身操的动作，如竞赛类佤族健身操等，达到发展良好的身体素质，提高运动技能的目标。通过民族健身操运动训练，不但能够锻炼身体，而且还能够提高自身的技能水平，满足不同人群的健身健心的需求。因此，民族健身操运动具有广泛的社会适应性，是一项社会适应范围宽，开发潜力大，价值巨大的综合性全民健身运动项目，各民族群众广泛参加是少数民族健身操社会适应性的具体表现。

（六）鲜明的健身性

民族健身操的动作是吸纳不同民族传统舞蹈的动作元素操化后，汇编形成的，其肢体运动具有一定的身体锻炼价值。尽管目前我国现代少数民族健身操以不断发展现代中华民族优秀传统民间舞蹈的健身动作形式为技术基础和重要技术组成部分元素，但其主要发展目的仍然是在不断发展现代有氧体育健身运动的技术基础上，经过了人体解剖学、生理学、体育运动美学、球类竞技以及健康操等许多医学专业和相关学科的系统教育以及理论知识支持和技术指导而重新创编发展出来，其健身动作和表现方法及其表现形式都应当具有明显的技术全面性、对称性和一定的科学针对性。这些健身动作不仅有助于人们发展塑造健康形体，改善整体身心健康状况，对提高生理功能更是有良好的功效。

四、民族健身操的功能

（一）弘扬中华民族文化，促进中华民族和谐

近年来，少数民族传统体育的兴盛和蓬勃发展促进了少数民族及民族地区群众性体育运动的深入开展，增强了各民族群众的体质，提高了我国民族传统体育运动水平，促进了各个民族之间的相互交往，消除了各民族由于地理环境、生活方式、文化传统带来的距离和隔阂。中华民族团聚共庆，既充分尊重民族风俗习惯，促进民族团结，又增强了中华民族的自信心、自豪感，有助于稳定和改善民族关系、增进友情、加强团结、促进中华民族各个地区政治和经济繁荣与文化发展，促进了社会主义的精神文明和物质文明的形成与建设，为

我们构建社会主义和谐社会发挥了有效的桥梁与纽带作用。

在今天，我们通过宣传和推广民族健身操，正是通过以少数民族体育活动为载体，文化为内涵，全面发展和弘扬中华少数民族优秀的传统文化，是对中华民族传统文化特色优势的一种认同。这些措施都有利于提高人们对民族文化的认同感，对维持和加强各个民族之间的联系，增进各个民族之间的团结起到重要作用。

（二）实施健身计划，促进全民健身

全民健身计划的实施直接关乎到广大人民部群众的身体健康和生活幸福，它不仅是综合国力和国家社会文明进步的重要标志，也是建设社会主义精神文明的重要实施手段和基本内容，也是全面建成小康社会的重要组成部分。由于我国经济发展不平衡，相对于整体经济社会发展比较良好的东部地区，西部地区的整体经济发展相对滞后，经费投入相对短缺，公共体育基础设施、场馆、器材缺乏普遍存在，群众性健身指导人才相对欠缺，是开展民族群众性健身体育运动所面临的最大障碍；而这些民族健身操的内容十分丰富，形式多样、种类繁多，适合各个不同年龄段的群体进行健身锻炼，且大都不受场地、器材的限制，显现出巨大的经济实用价值。

（三）实现体育教育功能

体育是教育不可或缺的一部分，其教育功能早在人类早期的原始社会就已经体现出来了。许多少数民族通过各种体育活动，向人民群众传授日常生活、生产的知识和技能。例如，佤族狩猎舞、爱伲人的采茶舞、彝族纺棉舞及哈尼族栽秧鼓舞。舞蹈中所蕴含的运动知识、技能本身就是对其生产和生活的提炼。民族健身操有着非常积极的因素，有助于民族精神的发展和民族伦理素质的培养。在很好传承这些文化习俗的同时，对人们形成良好的社会道德规范和民族心理也具有重要意义。

（四）传承民族体育文化

民族文化是各民族在其历史进步和发展的过程中所创造并发展形成起来的一种具有自己民族特色的文化，是各民族聪明才智的结晶，包括各种物质文化

与精神文化。民族健身操是我国少数民族传统体育的一种新兴体育健身形式，是人民群众进行体育锻炼的重要内容。在西部这样一个多民族聚集的地方，各个民族都有着自己的文化传统和民俗习惯，民族健身操的创编来源于各民族的日常生产、生活，体现出丰富的少数民族文化韵味。民族健身操在动作编排上、音乐的使用上、服饰上，都深切地反映了这些民族的文化和民俗风情、生活情趣，充分展现了民族健身操极强的文化民族性和艺术观赏性。民族健身操被推向社会，既传承了优秀的体育文化，又充分满足了广大人民群众对我国少数民族传统体育项目的神秘感、新鲜感和好奇心，实现了民族体育文化传播和大众健身锻炼的双赢。

（五）增进健康美

健康是一种身体、精神、心理和社会适应能力诸方面处于和谐的完好状态。健康美是一种积极的健康观念和现代意识。研究结果表明，健康美就是机体正在有效地发挥功能的状态。一个健康的人除了身心感受良好，可以轻松地应付日常事务外，还要拥有充沛的精力去参加各类社交、娱乐和休闲活动。一个健康美的人，应该具备良好的心肺功能和速度、力量、平衡、灵敏和柔韧等身体素质。心肺功能的加强使得心脏与循环系统有效地运作，将人体所必需的营养素、氧气及其他生物活性物质等运输到人体肌肉和各种组织器官，并把新陈代谢的产品运输或者排泄到体外，心肺功能在人体有机体的正常生命活动中发挥着很重要的作用。肌肉和力量的发展不仅为人们塑造了强健的意志和体魄，也使人体具有坚强的运动能力；身体的柔韧性和灵敏度的发展可以提高肌肉和关节之间的活动能力，减缓了肌肉和附着部位组织的衰老和退化过程，使得身体的动作协调、灵敏，富有青春的活力。

民族健身操的健身功效人们已基本达成共识。研究表明，有氧运动最能增强人体的心肺功能，而民族健身操不仅具有有氧运动的功效，且兼备发展身体柔韧性和灵敏性的作用。因此，民族健身操运动和大众健身健美操运动是目前全面发展身体健康较为理想的运动项目。

（六）塑造形体美

形体分为姿态和体形。姿态即人们平时一举一动中所表现出来的各种日常行为习惯，受到各种后天因素的影响较大；而体形是我们整个人身体的主要外观。虽然，体育锻炼能够适当地帮助改善人的体形外貌，但是相对来说，遗传因素还是起到了决定性的影响作用。良好的身体姿势是形成一个人气质、风度的重要因素。民族健身操在民族舞蹈和传统音乐中所进行的动作姿态训练，可以有效改善不良动作姿态，给予青年人以绽放青春，充满朝气、健康积极向上的良好感受。民族健身操运动也可以帮助培养美的健康形体，通过进行民族健身操运动训练，可以有效地促使人体骨骼粗壮，肌肉围度增大，从而弥补先天的体形缺陷，使得人体更加匀称、健美；另外，民族健身操练习还可消除体内多余的脂肪，维持人体吸收与消耗的平衡，降低体重和体脂，保持健美的体形。

（七）审美功能

民族健身操能够带给人们精神上的愉悦和享受，具备现代美感的健身操和自然、和谐统一的传统体育运动文化相结合，只有这样才能够使其成为一种具有强大的生命力、审美趣味的文化宝藏。如：拉祜族的芦笙舞，风格优美、矫健，格调抒情，极富表现力。芦笙舞动作的主要形式有走步、踏步、蹲步、踢脚和身体的俯仰、翻转等，节奏有张有弛，动作幅度时大时小，表演手法生动有趣、夸张洒脱，呈现一种集粗犷深沉、自然奔放、灵活柔美于一身的艺术风格。

（八）缓解精神压力、娱乐身心

随着时代的不断推进和社会的发展，人们在充分享受现代科学信息技术给我们带来的快捷舒适的生活和各种方便服务的同时，也正在承受着各种来自于社会方方面面的巨大精神压力。研究结果表明，长期存在的严重精神压力不但可能直接导致各类精神心理障碍，而且许多整个躯体性心理疾病都与精神压力密切相关，如慢性高血压、心脏病、癌症等。民族健身操作为一项新型的体育运动，其动作优美、协调，有节奏强烈的音乐伴奏，可以全面有效地锻炼身体，是我们彻底缓解身体精神压力的一剂良方，在轻松、优美的民族健身操运动中，练习者的注意力容易从烦恼的事情上转移或离开。忘掉了工作上的失意与精神压抑，尽情地享受民族健身操运动给人们身体带来的欢乐，得到一种内心安宁，从而有效地缓解人的各种精神负担，使人能够拥有更大的工作积极性和动力，达到更好的精神状态。

再次，民族健身操运动增强了人们的社会交往能力。目前，人们参加民族健身操锻炼的方式主要是在学校、社区、健身房等在教师的带领和引导下进行集体练习，而所有参与民族健身操锻炼的群众则是来自各个阶层。因此，各种民族健身操锻炼方式扩大了人们的社会交往面，把人们从工作和家庭的单一环境中解脱出来，接触和认识更多的人，眼界更开阔，从而为生活开辟了另一个天地。大家一起运动、共同快乐、彼此鼓励，有些人因此逐渐成为了朋友。民族健身操的锻炼不但能够让人强身健体，同时它还具备了娱乐、文化、旅游、休闲的功能，可以促使人们在锻炼中获得一种精神上的享受，满足了人们对身体和精神上的需求。

第二节 民族健身操创编的原则和方法

一、民族健身操创编的理论依据与原则

（一）民族健身操创编的理论依据

1. 以体育运动规律为依据

民族健身操项目属于一项民族传统体育项目，创编的整个套路动作在身体的活动部位应是科学合理的，在创编民族健身操套路时，通过遵循人体解剖学的规律、注重运动员生理方面的因素、运用运动力学加以分析，客观实在地遵循体育运动规律，在创编动作时应由易到难，科学控制好运动负荷，适宜控制运动时间，循序渐进，通过不断循环反复锻炼，体现出一个循序渐进的过程。

2. 以不同的目标和对象为依据

不同的任务目标和对象决定了民族健身操在创编上涉及的重点不一样，主要表现在对动作的选择和动作密度分配上有所侧重。不同的类型和对象，其性别的差异、技术水平、健康状况以及身体素质等都不相同，因此，在进行创编时也需要根据不同对象的生理与心理特点，在创编的内容、形式、难度以及运动负荷等各个方面都需要有所不同。比如在创编竞技表演性民族健身操套路时，主要任务是表演宣传，赢得比赛的同时促进健身操的发展。所以，创编中注意健身性与艺术性相统一原则，总体上应把握难度级别、节奏稍微增强，综合强度偏大。当然如果任务和对象不同，那么创编时的各个标准也就不同，创

编者要有针对性地进行科学合理创编。

3. 以不同的民族特性为依据

中国是一个多民族集中聚居的国家，55个少数民族和汉族长期居住在一起，由于其地理区域位置的不同，各个民族所呈现出来的不同文化和饮食习惯、风俗习惯、宗教信仰都存在很大的差异和不同，各民族所呈现出来的是以各自的民族特色所独有的文化内涵。在创编民族健身操的时候，一定要以该民族特性为编排依据。如：湘西的苗族区域民族民间比较流行的舞蹈就是和苗族地理因素有直接关系，因为农耕文化多水牛，因此产生了大量的牛皮鼓、进而衍生出与其宗教信仰有关的身体动作，在后续的生产生活当中，不断将其改良融合，逐步形成了舞蹈形式，其典型的动作特点就是以抖动银器制作的铃铛为主，配合有同边手和同边脚前后摆动的动作风格特点，正是与苗族人的生活方式、习俗以及宗教信仰有着千丝万缕的关系。所以，在规则的设定下，创编民族健身操的时候一定要注意依据各个民族不同的特性，依据规则逐步进行有针对地创编，不同类型动作就会有不同民族的特性，遵照各个民族特性进行创编。

（二）民族健身操创编的原则

1. 传统与现代相结合原则

民族健身体操已经成为当代普遍流行并被人民群众所青睐和喜爱的一项具有民族特色的传统运动项目，它是健身操的发展、衍生、创新产物。民族健身操是以健身操为基础创编，依据健身操的音乐节奏感与动作节奏感，同时在健身操特有的动作与音乐节拍的基础上加入富有民族特色的动作与音乐，形成的一种新型的具有艺术表现力的民族传统体育项目。创编时要遵循传统舞蹈动作与现代健身操基本步法相结合，动作元素大多以少数民族舞蹈元素为主，也包含有现代健身操元素，主要体现在音乐节奏、下肢的健身操基本步法上。虽然健身操艺术至今发展得较快并也广受大众喜爱，但与少数民族舞蹈艺术悠久的文化历史和背景相比，健身操艺术更体现它的现代化。在舞曲编排的同时将我国少数民族的音乐和舞蹈艺术同现代的健身操和音乐艺术有机地结合，形成了传统艺术和现代艺术的一种碰撞和完美。取代了传统艺术的精髓，并汲取现代艺术的先进方面，将构成一种新型的、受大众所喜爱的艺术表现形式。

2. 健身性与艺术性相结合原则

健身性是民族健身操创编的核心要素，编排时一定不能忽视这一点；而另一方面，艺术性则也是其不可或缺的重要特性，体现艺术性可以进一步激发大众对于民族健身操的观赏兴趣。民族健身操的健身性是民族健身操的基本特征和核心价值，其中特意强调民族健身操动作融入民族特色和地域特点，同时挖掘创意性的、民族特色的动作元素，在能够对参与者的全身起到锻炼作用、提高其整体身体素质的情况下，同时需要融入一定的艺术性和一些新颖的动作。

3. 突出民族特征原则

创编中遵循民族性原则是区别健身操与民族健身操的关键，突出鲜明的民族性，是我们创编民族健身操必须遵守的原则。应当考虑到要针对所对应民族的文化背景特色，选取其精华元素与健身操基本动作相结合，例如：将健身操的小马跳与苗族苗鼓的挑水动作相结合，可以更好地体现苗族民族风格。总之应该将民族特色在整个套路中生动形象地展现出来。

4. 创新性原则

创新是所有事物进步和发展的主要动力来源，唯有这样才能够不断地更新和发展，推陈出新才不会遭到淘汰。创编时必须融入民族元素，这样才能保持民族健身操旺盛的生命力。新颖的编排设计与创新的内容和形式，是民族健身操有效发展的方式，更是在民族健身操竞赛中脱颖而出的关键。

设计时将各个民族的舞蹈动作元素与健身操的基本步法巧妙结合，然后进行再创造，使所设计的动作突出操化的特点，同时必须加入民族健身操动作的艺术性。

通过改变造型、运动方向、路线队形、动作顺序、幅度大小、上下层次等方法以及结合具体构思创编，创造出科学合理、风格新颖、动作优美的新型套路。同时，在创编的过程中要注意加入新的艺术素材，要勇于创新、善于发现并大胆实践，这样不仅增强了比赛的竞争力同时也能够在表演当中传承相应的民族文化。

二、民族健身操创编的方法

（一）移植编排法

民族健身操移植编排法是将同类项目的创编风格、动作特色、空间设计等移植到民族健身操的创编上来。例如：将民族健身操、体操、体育舞蹈、民族舞蹈、现代舞蹈等各种艺术性的表演形式，其他运动项目中的各种动作、动作的整体造型、动作空间的综合运用、动作图形的综合演绎和方式等都移植进入民族健身操的编排之中，移植编排方法在我国传统的健身操编排技术应用领域中被广泛采纳，已经发展成为了一套动作编排的主要手段。同时移植编排法也是为创编者提供大量创编思路，在借鉴吸收别人的精华部分的基础上，创编属于自己风格的套路。

（二）组合编排法

民族健身操，是由各种艺术表演形式与各种类型的体育动作和轻器械的运用组合而成。它们具有多样性、复杂和新颖的组合。所以，成套动作进行编排的主要途径之一，就是通过改变重组的动作，运用全新的动作组合与搭配形式来替代传统、固定相互的连接与搭配。把单个动作或小组合按创编者的总体构想有序地进行重新组合，使整个套路思路更清晰更体现编排的层次，更好地展现创编者要表达的主题文化。

（三）联想编排法

联想式编排方法是我国推进科学技术创新的一个重要方法，相互联系的事物之间往往有许多异同。掌握了联想技法，并把它们运用到民族健身操的创新和编排中，能够创造出使人意想不到的效果。比如，在民族健身操自选套路的编排中，我们可以利用对同一个项目不同的器械或各种项目的相似动作技术或者情境所进行的联系和想象等思维手段，从而达到实现这种组合编排的发展思路和办法。例如：在成套动作中，往往由图形中绘画、舞蹈形式、杂技等方面获得启示，为民族健身操的编排提供宝贵而丰富的资源。

（四）逆向编排法

通常在民族健身操的组合套路中，音乐的节奏及其风格与舞蹈和器械的特点是相互一致的，而运用舞蹈的动作、音乐、器械等特征所形成的对比及其反差等逆向思考的方式，却更加能够体现独特的艺术效果。运用逆向编排的方法能创造并设计出具有鲜明的个性特征和丰富的表现形式的成套动作框架，能够冲破固有传统的思维模式，继而推进民族健身操创编的多元化发展。

第三节 白马藏族健身操创编实践

随着高等教育改革的深入推进，依据教育部 2002 年颁布的《全国普通高等学校体育课程教学指导纲要》要求，强调要把民族传统体育元素引入到高校体育教学中，在高校体育课程教学改革上，既要体现传统文化底蕴和民族特色，又要注重民族性和世界性的紧密结合。把民族传统体育教学发展作为高校体育教学水平提升的重要路径，为新时期普通高等学校进行体育教学改革指明了方向。与此同时，关于民族传统体育项目教学实践研究逐渐成为教育领域的重要课题，基于当前民族传统体育元素融入高校体育教学改革已有将近二十年的历史，我们作为高校体育教育工作者必须要总结经验教训，要有创新的意识，要有所作为，进一步推进新时代民族文化传播事业以及体育事业的繁荣发展。

中华民族具有悠久的历史，是一个多民族集聚的国家。每个区域和每个民族具有不同民族文化和宗教信仰，不同区域甚至都有着不同的传统图腾文化。民族民间舞蹈作为各个民族所特有的一种文化艺术表现形式，充分展示了各个民族的独特魅力，在一定程度上具备了民族审美价值以及表演艺术魅力。[1] 随着"健康中国2030"规划的蓝图以及全民健身促进健康举措的不断实施，人民群众的物质生活条件有了很大的改善，追求身心健康的意识不断加强。不同地区和民族有着不同的健身需求，国家不断推行的《全民健身计划纲要》就是为了适应不同的健身需求。民族健身操则是一个具有民族特色、健身性强、参与者多的民族传统体育项目。

---

[1] 范丽芳.第十届全国民运会民族健身操成套动作基本元素研究[D].昆明：云南师范大学，2016.

白马藏族健身操是由甘肃省陇南师范高等专科学校体育与健康学院、音乐与舞蹈学院的专家教授以及健美操专业教师和白马藏族舞蹈专业、体育教育专业的学生形成团队进行创编的，并且经过了在教育教学中的实践检验，它的创编风格、创编内容、创编音乐的选择以及教育教学的效果等均得到师生以及专家的一致认可。

白马藏族健身操是2016年陇南师范高等专科学校校级教改项目"民族体育引入地方高校体育课程体系的实践性研究——以陇南白马藏族、羌族为中心"的研究成果，该项目被评为校级教学成果奖二等奖。白马藏族健身操的创编与教学实践研究也是2019年甘肃省教学成果培育项目"民族传统体育引入地方高校体育课程体系的实践性研究"重要的阶段性成果之一。

一、白马藏族健身操创编思路

（一）创编的总体构思

白马藏族健身操依照民族健身操健身性与艺术性相结合原则、传统与现代相结合原则、动作的合理设计与恰当编选原则、音乐和动作一致性原则、民族针对性原则、创新性原则，遵守体育运动规律，体现白马藏族民族特色性为依据；运用移植编排法、组合编排法、联想编排法、逆向编排法等四种编排方法创编的。创编者以白马藏族民间舞蹈为编排整体风格，以徒手动作为主，充分体现传承弘扬白马藏族民族传统体育文化，并将富有民族文化特性的文化与地域特点融入整套动作编排当中。创编者通过新颖的设计与创新的编排方法，整套动作主要以白马藏族火圈舞、傩舞的舞蹈动作元素改编，然后结合健身操的基本步法，创编出符合大学生健身的操化动作。

（二）健身操动作素材的选编

健身操创编过程中，不仅要充分考虑和运用准备阶段的素材，结合民族健身操舞创编方法进行灵活创编，且成套动作多以对称为主，需多重复。还要考虑和充分运用准备的音乐、舞蹈等素材，体现健身与艺术相结合、科学合理性、民族针对性的特点，结合民族健身操创编的方法，进行整合创编。创编的白马藏族健身操以白马藏族舞蹈元素动作为基础，同时又巧妙地结合了现代健身操步伐，使整套操动作节奏感强，具有美感，彰显白马藏族特色文化内涵。上肢动作基本以选取白马藏族舞蹈元素创编而成，脚下步法主要以白马藏族火圈舞基本步法与健美操基本步法组合而成。动作的设计以简单、对称的动作为主，动作多为两拍一动。基本步伐以走步、踏步、跨步、跳步为主，手臂动作主要以上举、侧举、摆动为主，参加活动的主要部位有头颈部、肩背部、肘关节、膝关节、踝关节等。动作幅度由小到大，运动负荷中等，再加上开腿跳、吸腿等动作和多种方向及运动路线的变化，提高了动作的冲击力，对于练习者的耐力、协调性和灵敏性要求极高，在整套白马藏族健身操练习中，练习者的运动负荷和心率均在有氧运动的范围内，达到了健身的目的。

（三）健身操运动负荷测定

健身操音乐的节奏速度控制在20～26次/10秒，通过现场测试白马藏族健身操运动中的心率达到了140次/分钟，健身操运动量达到中等运动强度，属于有氧运动。

表5-1　白马藏族健身操心率变化统计表（n=40）

白马藏族健身操	安静时心率（d/min）	表演1分钟即刻心率（d/min）	表演2分钟即刻心率（d/min）	表演3分钟即刻心率（d/min）	表演结束后5分钟即刻心率（d/min）
第一套	87±5	122±10	136±12	138±10	87±10
第二套	74±5	110±10	140±10	145±10	85±10

以上研究数据表明，创编的健身操有利于改善机体的心肺功能，白马藏族健身操不但具有鲜明的民族特色而且具有一定健身价值。

将创编的健身操引入陇南师专体育教育专业"体育游戏课程"教学、2014级白马藏族舞蹈班"健美操"专业选修课及大学体育教学中，通过教学实验研究，教学效果好。健身操受到了师生的普遍好评，丰富了课程教学内容和资源，通过调查与分析学生对课程学习的兴趣更加浓厚，喜欢度提高了，使学生综合知识得以加强，视野变得开阔，大家对自己生活着的陇南民俗文化有了更深层次的认识和理解。

少数民族传统体育融入地方高校教育教学，一方面，学校在非物质文化遗产保护与传承、开发与利用工作中应当发挥重要作用，在弘扬民族优秀传统文化上做出应有的贡献，实现传统体育的创造性转化；另一方面，少数民族传统体育项目融入学校体育教育教学活动，是一项有利于学校有效地推动全民健身的有力举措，是地方高校积极大胆的尝试，其效果、价值、意义显而易见，不容置疑。

二、白马藏族健身操动作图解与说明

（一）第一套白马藏族健身操动作分析与图解

1. 第一节 （4个八拍）

预备：直立，半握拳，两手叉腰（图5-1）。

第一个八拍：1-2拍，左脚向左后方侧出一步，手叉腰，3-4拍，右脚并左脚同时屈膝微蹲（图5-2），5-8拍同1-4拍，但方向相反（图5-3）。

图5-1　　　　　图5-2　　　　　图5-3

第二个八拍：同第一个八拍，但由两拍一动变为一拍一动。

第三个八拍：1-2拍，左脚向左前方侧出一步，同时两臂由胸前合掌经下摆至侧举（图5-4），3-4拍，右脚并左脚屈膝微蹲，同时两臂经体侧摆至上举胸前合掌（图5-5）。5-6拍，右脚向右后方撤步，7-8拍左脚并右脚，同时两手叉腰（图5-6）。

第四个八拍同第三个八拍，但方向相反。

图5-4 　　　　　　　　图5-5 　　　　　　　　图5-6

2. 第二节 （4个八拍）

第一个八拍：1-4拍：1拍，左脚向前方走一步，两臂由内向外打开至体侧平举，2拍，右脚继续向前走一步，同时两臂经体前摆至腹前平屈，半握拳两拳面相对（图5-7所示），3-4拍同1-2拍。5-8拍：5-6拍，并步屈膝弹动一次，7-8拍重复5-6拍。脚步动作取自白马藏族舞蹈中的走步、下蹲步。

图5-7

第二个八拍：重复第一个八拍，但脚步动作由向前踏步变为向后。
第三、四个八拍重复第一、二个八拍。

3. 第三节（4个八拍）

第一个八拍：1拍，左脚侧前方进一步，2拍，右脚并左脚同时屈膝微蹲，两手叉腰（图5-8），3-4拍同1-2拍，但方向相反（图5-9）。5-8拍重复1-4拍，但方向相反。

图5-8　　　　　　图5-9

第二个八拍：原地踏步，一拍一动，向左转360°，两拍转90°，同时，两臂屈肘由右侧经前向左侧摆动，掌心向前，两拍摆动一次。

第三个八拍：1拍，两手叉腰，左脚侧出一步（图5-10），2拍，右脚向左交叉，足尖点地（图5-11）。3-4拍同1-2拍，但方向相反（图5-12）。5-8拍同1-4拍。

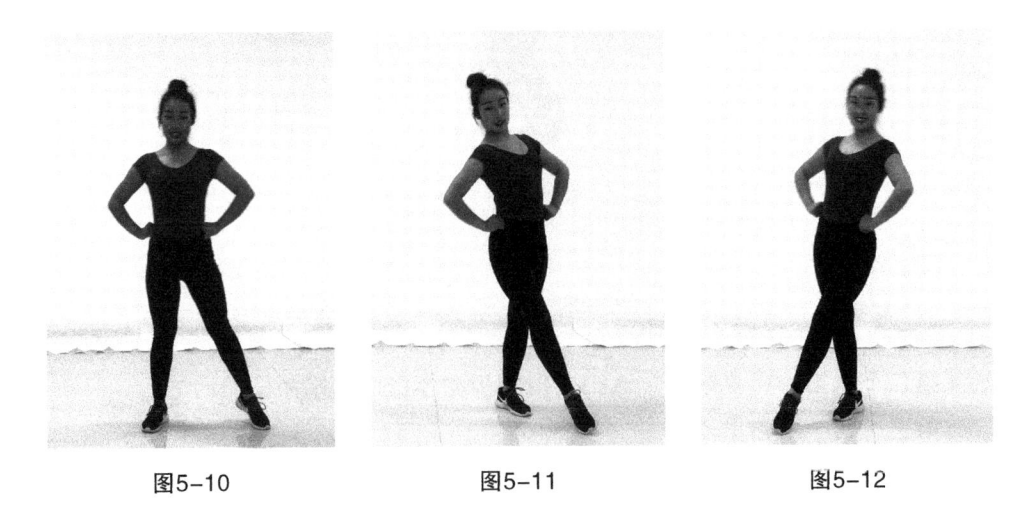

图5-10　　　　　　图5-11　　　　　　图5-12

第四个八拍：1-2拍，左脚侧出一步，2拍，右脚向左交叉，足尖点地，同时两臂由左经前向右侧下方摆动（图5-13）。3-4拍同1-2拍，但方向相反（图5-14）。5-8拍同1-4拍。

图5-13

图5-14

4. 第四节（4个八拍）

第一个八拍：1-2拍，左脚侧出一步，右脚并左脚，同时两臂屈肘由右侧经下向左侧摆动，半握拳，拳心相对（图5-15），3-4拍同1-2拍，但方向相反。5-8拍重复1-2拍两次。

图5-15

第二个八拍同第一个八拍，但方向相反。

第三个八拍：1拍，左脚向前一步，两臂左侧侧举，掌心向下（图5-16），2拍，右脚并左脚，同时向左抵胯，两臂由左侧侧举向内摆动，然后向外翻掌至掌心向上（图5-17）。3-8拍，同1-2拍。

图5-16    图5-17

第四个八拍：1-4拍，后退四步，同时向前俯腰，两臂下垂，随节奏一臂向上一臂向下摆动（图5-18、图5-19）。5-6拍，左腿前下举，膝外张，同时，左臂经前摆至上举，右臂体前斜下举，上体稍后仰（图5-20），7-8拍同5-6拍，但方向相反（图5-21）。

图5-18    图5-19

图5-20 　　　　　　　　　　　图5-21

5. 第五节（四个八拍）

第一个八拍：1-2拍，左脚侧出点地，同时两臂由下经体右侧向左上分摆动，向左抵胯（图5-22），3-4拍同1-2拍。5-6拍下肢动作同1-2拍，上肢动作变为向左下方摆动（图5-23），7-8拍同5-6拍。

图5-22 　　　　　　　　　　　图5-23

135

第二个八拍同第一个八拍，但方向相反。

第三个八拍：1-2拍，左脚侧出一步，然后右脚并步，同时右手叉腰，左臂屈肘侧上举，前臂由上向下，由内向外画圈（图5-24、图5-25）。5-8拍重复1-2拍3次。

图5-24 　　　　　　　　　　图5-25

第四个八拍同第三个八拍，但方向相反。

6.第六节（四个八拍）

第一个八拍：1-2拍，左脚侧出一步，然后身体左转90°，右脚向前一步，脚尖点地微屈膝，左臂由下向上摆至斜上举，右臂经下向后摆至斜后举（图5-26、图5-27）。3-4拍，左脚原地踏步一次，右脚前点地，右臂经前绕至上举，左臂绕至侧平举（图5-28）。5-8拍同1-4拍，但方向相反（图5-29、图5-30）。

图5-26 　　　　　　　　　　图5-27

图5-28 　　　　　　　　图5-29 　　　　　　　　图5-30

第二个八拍同第一个八拍，但方向相反。

第三个八拍：1-2拍，左脚原地踏跳一次，吸收右腿，同时向左转90°，两臂胸前平屈（图5-31、图5-32）由内向外打开经体侧绕至侧举，肘微屈（图5-33）。3-4拍，右脚原地踏跳一次，吸收左腿，继续向左转90°，同时两臂由侧平举经体侧并绕至胸前平屈，半握拳两，拳面相对（图5-34）。5-8拍同1-4拍。

图5-31 　　　　　　　　图5-32

图5-33　　　　　　　　　　图5-34

第四个八拍同第三个八拍，但方向相反。

7. 第七节（四个八拍）

第一个八拍：1-2拍，右脚向右侧出一步，左臂侧平举，半握拳，同时左臂屈肘由外向内经胸前向下绕至侧平举，右脚并左脚（图5-35～图5-37）。3-4拍，右脚向右侧出一步，左腿吸腿，左臂侧平举，半握拳，同时身体向右向后转180°，左臂屈肘由外向内经胸前向下绕至侧平举，左脚并右脚。5-8拍同1-4拍，但不转身。

图5-35　　　　　　图5-36　　　　　　图5-37

第二个八拍同第一个八拍，但方向相反。

第三、四个八拍同一、二八拍。

8. 第八节（四个八拍）

第一个八拍：1-2拍，身体左转180°左脚向侧出一步，同时两臂由胸前合掌经下摆至侧举（图5-38），3-4拍，右脚并左脚，屈膝微蹲，同时两臂经体侧摆至上举于胸前合掌（图5-39）。5-6拍，右脚向右后方撤步，7-8拍左脚并右脚，同时两手叉腰（图5-40）。

图5-38

图5-39 　　　　　　　　图5-40

第二个八拍：1-2拍，左脚向左侧上步，同时两手叉腰（图5-40），3-4拍，右脚向左脚并步，同时屈膝微蹲（图5-41）。5-6拍，身体右转，同时右脚侧出一步，两手叉腰（图5-42），5-8拍左脚向右脚并步，同时屈膝微蹲（图5-43）。

图5-41　　　　　　　图5-42　　　　　　　图5-43

第三、四个八拍同一、二八拍，但方向相反。

（二）第二套白马藏族健身操动作图解及说明

1. 第一节 （4个八拍）

预备：直立，两手叉腰（图5-44）。

图5-44

第一个八拍：1-2拍，左脚向左侧出一步，手叉腰，右脚并左脚，同时屈膝微蹲（图5-45），3-4拍同1-2拍，但方向相反（图5-46）。5-8拍同1-4拍。

图5-45 　　　　　　　　　图5-46

第二个八拍：1-2拍，屈膝原地弹动1次，两臂由下垂向左侧摆至侧屈，半握拳，同时身体左转45°，3-4拍同1-2拍，但方向相反，5-8拍同1-4拍。

第三个八拍：1拍，左脚向前踏一步，同时两臂由侧平举变屈肘，前臂由外向内绕至胸前平屈（图5-47~图5-49），2拍，右脚向前踏一步，同时两臂由胸前平屈，屈肘前臂由内向外绕至侧举，肘微屈（图5-50、图5-51），3-4拍同1-2拍。5-6拍，左脚原地踏跳1次同时吸右腿，身体右转90°，两臂胸前相合击掌（图5-52），7-8拍同1-2拍，但方向相反（图5-53）。

图5-47 　　　　　　　图5-48 　　　　　　　图5-49

图5-50 　　　　　　　　　图5-51

图5-52 　　　　　　　　　图5-53

第四个八拍同第三个八拍，但脚步动作方向相反。

2. 第二节（4个八拍）

第一个八拍：1拍，左脚向左前方侧出一步，身体左转90°，两臂由下经体侧向上摆动，屈肘，同时并向左抵胯（图5-54）。2拍，右脚并左脚还原为直立。3-4拍同1-2拍。5-8拍同1-4拍，但方向相反。

图5-54

第二个八拍：1拍，左脚原地点地，右腿向左侧上方吸腿，身体左转90°，同时两臂经体侧摆至侧下举（图5-55），2拍，右腿伸膝向左侧下方踢腿（图5-56）。3-4拍同1-2，但方向相反（图5-57、图5-58）。5-8拍同1-4拍。

图5-55

图5-56

图5-57

图5-58

第三个八拍：1-2拍，左脚原地点地，右腿吸腿，同时两臂向右摆至右臂侧平举，左臂胸前平屈，半握拳（图5-59、图5-60）。3-4拍同1-2拍，方向相反（图5-61）。5-8拍同1-4，第8拍还原为直立。

图5-59　　　　　图5-60　　　　　图5-61

第四个八拍：1-2拍，身体向左侧后方转体，同时左脚随转身向前跨一步，3-4拍，右脚并左脚，屈膝微蹲，同时两臂额前上方相合击掌（图5-62）。5-6拍，身体经向右前方转体，同时右脚随转身向前跨一步，两臂侧下举（图5-63），7-8拍，左脚并右脚，屈膝微蹲，同时向右侧前方继续转体，两手叉腰（图5-64）。

图5-62 　　　　　图5-63 　　　　　图5-64

3. 第三节 （4个八拍）

第一个八拍：1-2拍，1拍，右脚向前跨一步，同时两臂胸前平屈，半握拳，拳面相对（图5-65），2拍，左脚侧出一步，右膝微屈成左侧弓步，同时，两臂由胸前平屈下压至下垂，拳面向下（图5-66），3-4拍同1-2拍，但脚步动作相反（图5-67、图5-68）。5-6拍，5拍，左脚原地踏步，右腿斜前下举，膝微屈外张，两臂经体侧摆至侧举，右臂屈肘，6拍，右脚前踏并伸膝（图5-69），7-8拍同5-6拍，但方向相反（图5-70）。

图5-65

图5-66

图5-67

图5-68

图5-69

图5-70

第二个八拍同第一个八拍，但1-4拍脚步动作变为后退步。

第三个八拍：1-2拍，先出右脚向前踏两步，俯腰，同时两臂屈肘腹前右臂由内向外绕，左臂由外向内绕。3-4拍同1-2拍，方向相反。7-8拍同1-4拍，但脚步动作变为后退步。

第四个八拍：1-2拍，右脚原地点地，左脚并步，同时向左转体180°，两臂经体前绕至侧上举（图5-71），3-4拍，脚步动作同前，继续向左转体180°，同时两臂摆至下垂。5-6拍，右脚前点地，同时向右转体90°，右臂前立屈（图5-72），7-8拍，右脚并左脚还原（图5-73）。

图5-71　　　　　图5-72　　　　　图5-73

4. 第四节（4个八拍）

重复第二节。

5. 第五节（4个八拍）

重复第三节。

6. 第六节（4个八拍）

第一个八拍：1拍，左脚原地踏步一次，身体右转90°，同时吸右腿，两臂额前上方相合击掌一次（图5-74），2拍，右腿并左脚，还原为直立（图5-75），3-4拍同1-2拍，但方向相反（图5-76）。5-8拍同1-4拍。

图5-74 　　　　　　　　图5-75 　　　　　　　　图5-76

第二个八拍：1-2拍，两手叉腰，右脚向前跨一步，同时身体向右转体约90°，然后左脚并右脚，屈膝微蹲（图5-77）。3-4拍同1-2拍，但方向相反。7-8拍同1-4拍。

图5-77

第三个八拍重复第一个八拍。
第四个八拍重复第二个八拍，但脚步动作由向前变为后退步。

7. 第七节（8个八拍）

第一个八拍：1-2拍，右脚侧跨一大步，同时两臂由前向后侧上方摆动，半握拳，向前俯腰（图5-78）。3-4拍，两脚跳步同时并步微蹲，两臂由后经下向上摆至体侧立屈（图5-79）。5-8拍同1-4拍。

图5-78 　　　　　图5-79

第二个八拍同第一个八拍，但方向相反。

第三个八拍：1拍，左脚原地踏跳1次，右腿吸腿，同时两臂胸前合掌（图5-80），2拍，右腿弹踢一次，同时两掌由胸前合掌向上经上举向侧打开成侧平举，立掌（图5-81）。3-4拍，右脚踏跳1次，左腿弹踢1次，两臂侧平举。

图5-80 　　　　　图5-81

5-8拍下肢动作同1-4拍，两臂侧平举，立掌，同时两拍向左转90°，4拍转180°（图5-82、图5-83）。

图5-82 　　　　　　　　图5-83

第四个八拍同第三个八拍，继续向右转180°。
第五个八拍同第一个八拍，但脚步动作先向右。
第六个八拍同第一个八拍。
第七个八拍同第三个八拍。
第八个八拍同第四个八拍。

8. 第八节（2个八拍）

第一个八拍：

1-2拍，两手叉腰，左脚向左侧前方跨步，右脚并步，屈膝微蹲（图5-84、图5-85）。3-4拍同1-2拍，但脚步动作方向相反（图5-86、图5-87）。5-6拍

图5-84 　　　　　　　　图5-85

149

同脚步动作同1-2拍，两臂额前上方相合击掌（图5-88、图5-89）。7-8拍同3-4拍（图5-90、图5-91）。

图5-86　　　　　　　图5-87　　　　　　　图5-88

图5-89　　　　　　　图5-90　　　　　　　图5-91

第二个八拍同第一个八拍，但方向相反。

三、白马藏族健身操的价值

（一）民族文化传承价值

中国是一个统一的多民族国家，各民族都有着独特的生活习俗和宗教信仰，白马藏族文化记载着该地区、该民族的发展史，是该民族生活习俗、政治、经济发展和民族精神的再现，白马藏族舞蹈每一个动作，每一个旋律以及每一套服饰，都蕴含着丰厚的民族文化。

白马藏族健身操融入了该民族最具民族特色的舞蹈元素：如池母祈福双手合掌动作、池母擀面动作，傩舞的跨步、转身和吸腿跳，火圈舞的常见舞步横移步，前后交叉跨步，火圈舞的身体前俯后仰、跺脚、撅臀、下蹲等动作，彰显出了白马藏族坚韧不拔的坚强意志和勇于开拓、积极进取的民族精神。在整个练习过程中，练习者通过对技术动作的学习和对民族音乐的体验欣赏，对人们的视觉和听觉产生了强列的冲击。在参与的过程中，不仅丰富了人们的知识结构，而且还可以感受到该民族特有的民族文化内涵，起到了传承和弘扬该民族优秀文化的作用。"民族的才是世界的"。在现代社会大环境下，民族传统体育开始走向现代化，在保留民族传统文化的同时，也能助推经济的发展，这是各民族切实需要的。这就需要我们继承该民族的优秀传统文化，对于外来文化，要以去其糟粕，取其精华的思想，将两者进行有机的融合。将民族舞蹈与现代健身元素相融合，使具有民族特色的传统体育项目走向国际化已成为发展的必要趋势。"民族健身操舞"一个新兴的运动健身项目，是对民族传统体育文化传承的体现，是现代文化（外来文化）与民族文化相融合的产物，所以说民族健身操舞有着强大的生命力，积极地推广民族健身操舞就是要不断挖掘各民族的优势资源，弘扬该民族的优秀文化，促进该民族文化和经济的共同发展，从而提高中华民族的国际地位。

（二）社会交往价值

社会交往，是指在一定的历史条件下，人与人之间相互往来，进行物质、精神交流的社会活动。从不同的角度，把社会交往划分为：个人交往与群体交往；直接交往与间接交往；如竞争、合作、冲突、调适等。在当代社会，交往已成为一项重要的社会活动，它不仅是改善和培养人们健康生活方式的重要手段，也是人们心理和精神方面交流的需要。

白马藏族健身操作为一项新兴的、民族的健身运动项目，它以旋律优美动听的民族音乐，动感而又时尚的舞蹈动作，丰富有趣的练习内容和多样的练习手段以及深厚的民族优秀传统文化内涵，深深地吸引着人们，为广大参与者提供了一个良好的交流平台。健身操舞多采用集体练习的方式，练习者不论彼此的年龄、民族和性别，聚在一起进行锻炼，同欢乐，共促进，无形中增强了人们的交流沟通，扩大了交际面，从而有效地促进了个人、群体和社会三者的健康和谐的发展。

（三）健身娱乐价值

白马藏族健身操是提炼了该民族最具民族特色的基本舞蹈元素，经过操化，再同现代健美操的基本步法相结合编排而成的。使身体各部位通过多样的运动方向、速度、动作的幅度和力度，通过科学的有氧练习，使机体得到适当生理负荷的刺激，这不仅可以提高练习者的肌肉力量、速度、耐力、柔韧性、协调性以及各关节的灵敏性等身体素质，还全面地改善了练习者的神经系统、呼吸系统、循环系统和消化系统等内脏器官机能，从而增进健康水平、塑造形体，促进身体各关节器官的和谐发展。其次，练习者还可以从该民族音乐中感受到动感的节奏和优美动听的旋律，通过这些动作充分展示出自身的优美姿态，可以使身心得到双重放松，缓解工作、学习带来的疲劳和压力。所以说该健身操舞有着很好的健身娱乐价值。

因此，白马藏族健身操应该得到积极推广和应用，以表演和比赛的形式可以纳入到省市县等不同级别的各项运动会中以及该地区民族节日中去，进行推广研究，如广场舞、陇南市运动会、各级各类学校运动会等。

通过提高学校和政府的重视程度以及加大资金的投入，收集更多该民族原生态民间舞蹈、民族音乐等民族文化素材资料，继续创编出更高质量、更多的系列健身操。

参考文献

[1] 余永红. 陇南白马藏族美术文化研究［M］. 北京：中国社会科学出版社，2012.

[2] 四川大学中文系，中国民间文艺研究会四川分会，平武县文化馆联合采风队. 平武白马藏区采风报告，平武县白马藏族族属研究会.白马藏族族属研究文集（研究会辑刊之二）［C］. 绵阳：内刊本，1987：97-101.

[3] 孙宏开. 历史上的氐族与川甘地区的白马藏族——白马藏族族属初探［J］. 民族研究，1980（3）：1-9.

[4] 赵逵夫. 在"首届中国白马人民俗文化研讨会"上的报告［C］. 首届中国白马人民俗文化研讨会论文集，2012：10-18.

[5] 陈启生. 陇南地方史概论［M］. 兰州：兰州大学出版社，1992.5.

[6] 邱雷生，蒲向民. 陇南白马人民俗文化研究故事卷［M］. 兰州：甘肃人民出版社，2011.

[7] 林耀华. 民族学通论［M］. 北京：中央民族大学出版社，1997.12（1），2020.8（22）.

[8] 王宁. 中国文化概论［M］. 长沙：湖南师范大学，2000.11.

[9] 戴金明，梁世君，张蕊. 民族传统体育文化导论［M］. 北京：中国纺织出版社，2019.1.

[10] 杨燕. 藏族白马人祭祀舞蹈文化解读［J］. 大众文艺·民族民间文化研究，2016（04）：44.

[11] 王海平. 民族传统体育文化的传承发展域保护研究［M］. 长春：东北大学出版社，2017.

[12] 陈琦，杨文轩. 体育概论（第二版）［M］. 北京：高等教育出版社，2013.

[13] 王海军. 民族传统体育文化的传承发展与保护［M］. 长春：东北师范大学出版社，2017.

[14] 陈炜，朱岚涛，文冬妮. 桂滇黔少数民族传统体育文化资源调查与开发利用研究［M］. 北京：科学出版社，2017.5.

[15] 王兆乾，吕光群. 中国傩文化［M］. 汕头：汕头大学出版社，2007.

[16] 冉孟刚. 贵族土家族民间舞蹈"傩舞"体育文化价值的分析研究[J]. 体育科技文献通报, 2011 (5): 108-111.

[17] 蒲向明. 陇南白马藏族傩舞戏表演艺术论[J]. 四川戏剧·少数民族艺术, 2011 (5): 96-99.

[18] 张益琴. 陇南白马藏族民族文化研究舞蹈卷[M]. 兰州: 甘肃人民出版社, 2011.9.

[19] 白晋湘, 万义, 龙佩林. 探寻传统体育文化之根传承现代体育文明之魂——非物质文化遗产视角下民族传统体育研究述评[J]. 北京体育大学学报, 2017 (1): 119-128.

[20] 庞辉. 新疆少数民族传统体育发展研究[D]. 北京: 北京体育大学, 2007.

[21] 习近平. 习近平在中国共产党第十九次全国代表大会上的讲话[EB/OL]. http://www.gov.cn/zhuanti/19thcpc/index.htm

[22] 连桂, 刘建刚. 论体育旅游及其基本特征[J]. 首都体育学院学报, 2005, 6: 15-16.

[23] 赵文, 胡小明. 发展民族体育的思考[J]. 体育与科学, 2005 (5): 18-20.

[24] 邱正报, 张金生, 毛树林. 陇南白马人民俗文化研究[M]. 兰州: 甘肃人民出版社, 2009.

[25] 蒲向明. 陇南白马人民俗文化研究·故事卷[M]. 兰州: 甘肃人民出版社, 2011.

[26] 韩士海. 传统文化的民族凝聚力及现实意义[J]. 大连干部学刊, 2016 (11): 56-60.

[27] 四川大学中文系, 中国民间文艺研究会四川分会, 平武县文化馆联合采风队. 平武白马藏区采风报告[A]. 平武县白马藏族族属研究会. 白马藏族族属研究文集 (研究会辑刊之二) [C]. 绵阳: 内刊本, 1987: 97-101.

[28] 李洋, 黄兆媛, 曹琳清. 白马藏族民族传统体育的现状调查研究[J]. 才智, 2011 (10): 275-276.

[29] 文县志编纂委员会. 文县志[M]. 兰州: 甘肃人民出版社, 1997.

[30] 常清民. 白马藏族: 神秘的氐族后裔[J]. 中国民族报, 2003 (8).

[31] 刘青健. 妈祖民俗体育文化及产业化研究[M]. 厦门: 厦门大学出版社, 2018.

［32］陈红新.谈民俗体育与学校体育的协调发展［J］.南京体育学院学报，2008（3）：119-120.

［33］张映全.甘肃文县白马藏族考［M］.兰州：甘肃民族出版社，2009.

［34］徐福振.民俗体育的特点及功能探究［J］.安徽体育科技，2010（12）：7-9.

［35］李洋，黄兆媛，曹琳清.白马藏族民族传统体育的现状调查研究［J］.才智，2011（10）：275-276.

［36］郑本法.白马人民俗文化的内涵、特征和地位［C］.首届中国白马人民俗文化研讨会论文集，2013：036-048.

［37］朱承敏，王锦马，钢张选惠.浅论白马藏族的社会文化变迁对其参与传统体育的影响［J］.四川体育科学，2013（6）：4-7.

［38］王静，郝建峰.大数据时代下的民族体育发展研究［J］.中华武术研究，2016（8）：68-70.

［39］燕仲飞.甘肃白马藏族传统文化特征及传承保护［J］.甘肃社会科学，2017（5）：248-251.

［40］李莹，杨风雷.论发展民族传统体育提升文化自信的价值和策略［J］.体育文化导刊，2020.（2）.

［41］邱正保，张金生，毛树林.陇南白马民俗文化研究［M］.兰州：甘肃人民出版社，2009.

［42］邱丕相，杨建营，王震.民族传统体育学科发展回顾与思考［J］.上海通用学院学报，2020（1）：12-20.